Das Buch der Zaubertränke

Die wirksamsten Rezepturen und magischen Sprüche

Gesammelt und niedergeschrieben
von Maja Sonderbergh

Die Deutsche Bibliothek – CIP-Einheitsaufnahme
Sonderbergh, Maja:
Das Buch der Zaubertränke : die wirksamsten Rezepturen und magischen Sprüche /
ges. und niedergeschrieben von Maja Sonderbergh. – Köln : vgs, 2002
ISBN 3-8025-2952-9

1. Auflage 2002
© Egmont vgs verlagsgesellschaft, Köln 2002
Alle Rechte vorbehalten

© des ProSieben-Titel-Logos mit freundlicher Genehmigung der
ProSieben Television GmbH

Produktion: Angelika Rekowski
Umschlaggestaltung: Sens, Köln
Layout und Satz: so.wie?so!, Köln/Karen Kühne, Köln
Druck: Clausen & Bosse, Leck
Printed in Germany
ISBN 3-8025-2952-9

Besuchen Sie unsere Homepage:
www.vgs.de

*Wir leben fort in
allen Dingen,*

*Und alle Dinge
leben in uns.*

*Wir weihen unser
Wissen der Welt*

*Und leben im
Hier und Jetzt.*

– Alter Gesang –

Wir alle werden mit magischen Energien geboren. Du musst nur an diese Energie in dir glauben, sie entdecken und sie entwickeln. Die Hexenkunst kannst du erlernen. Du musst neugierig auf Neues sein, zuhören und viel lesen. Und dann musst du natürlich das Gelernte ausprobieren, verbessern und verändern. Denn unser Hexenwissen ist nicht irgendwo in Stein gemeißelt, sondern verändert sich von Generation zu Generation, von Hexe zu Hexe. Jede Hexe kann etwas von ihr selbst in das Hexenwissen und die Zauberkunst einfließen lassen, die in Büchern wie diesem weitergegeben werden.

Ich bin sehr früh in die Hexenkunst eingeführt worden: Meine Tante Martha hat mir die Bedeutung der Gestirne erklärt. Wenn du mehr darüber wissen willst, dann schau einmal in dieses Buch: *Astrotipps für Hexen*, Maria May, Egmont vgs verlagsgesellschaft, Köln, 2002. Bevor ich lesen konnte, hat meine Mutter mir bereits die Zauberkraft einiger Kräuter enthüllt. Und als ich in der Grundschule war, half mir meine Großmutter bei dem Verfassen von Zaubersprüchen.

Du wirst wahrscheinlich keine Verwandten haben, die sich als Hexen „outen". Und so wirst du auch keinen Mentor finden, der dich Stück für Stück in die Geheimnisse der Hexenkunst einweiht. Aber das macht gar nichts! Denn heute kannst du dieses Zauberwissen in Büchern nachlesen, mit Freundinnen ausprobieren und selber deine eigenen Zaubersprüche schreiben und neue Zaubertränke mixen.

Lass einfach deiner Fantasie – und deiner magischen Energie – freien Lauf, und du wirst sehen: Magie kann dein Leben verändern!

Deine Maja

Mutter Erde,
   die du uns die Früchte
      des Lebens bescherst;
Gib deinen Segen den Tränken,
   die Glück, Zufriedenheit,
      Schönheit und
Wohlbefinden beschwören.
Ich bin gemacht aus
   geweihter Erde, reinem Wasser,
      heiligem Feuer und
   kraftvollem Wind.
Auf dass die Elemente mich
   und mein Tun segnen.
Mutter Erde,
   Schwester Himmel
stehen mir bei.
   So sei es.

– Alter Zauberspruch, vor dem Brauen
von Zaubertränken zu sprechen –

Zauber- Tränke

müssen nicht

getrunken werden!

Zaubertränke gehören zur magischen Energie wie die Zaubersprüche. Seit Jahrhunderten wissen echte Hexen über die Kräfte der Natur Bescheid und wissen die Energie der Pflanzen, insbesondere der Kräuter, zu nutzen. Die meisten Pflanzen haben Heilkräfte, und es ist sehr nützlich, sie zu kennen – auch als Nicht-Hexe. Unsere moderne Arzneikunde und der Beruf des Apothekers beruhen auf der Wissenschaft der Botanik, der Pflanzenkunde.

Auch unsere Zaubertränke arbeiten mit Pflanzen und den Regeln der Natur, den Energien der vier Elemente – Feuer, Wasser, Erde und Luft – und der magischen Kraft von Sonne und Mond. Hexerei, das weißt du vielleicht schon aus meinen ersten beiden Büchern, ist ganz eng mit den Vorgängen in der Natur verbunden. Wir können unsere magischen Energien nicht entfalten, wenn wir nicht auf die Natur und ihre Kräfte achten und sie zu nutzen wissen. Wenn du zum Beispiel nicht auf die verschiedenen Mondphasen achtest und ihre unterschiedlichen Bedeutungen kennst, können Zauber, die auf diesem Zyklus basieren, nicht funktionieren.

Kräuter sind also ein ganz wichtiger Bestandteil eines Zaubertranks. Sie haben eine „offizielle" Heilwirkung, die jeder Apotheker und Mediziner kennt. Sie haben aber auch eine Zauberwirkung, die nur uns Hexen bekannt ist. Der Löwenzahn zum Beispiel hat eine reinigende Wirkung, er „spült" quasi deine Nieren und ist deshalb – in regelmäßigen Abständen – sehr gesund. Er hat aber auch eine Zauberwirkung, die nur wir Hexen kennen: Er wehrt negative Energie ab und schützt dich vor fremden Einflüssen, indem du dich wieder besser auf dich selbst und das, was du willst, konzentrieren kannst.

Ein anderes Beispiel: Rosmarin wirkt entzündungshemmend und wundheilend. Du kannst ihn als Tee zubereiten, in eine Salbe einarbeiten oder auch ein Kräuterbad bereiten. Als Zauberkraut wehrt er Neid, Missgunst und böse Gerüchte ab.

Für uns Hexen ist es wichtig, beide Wirkungen zu kennen. Denn oft ist es einfach sehr nützlich, eine Salbe herstellen zu können, die für eine schöne, weiche Haut sorgt (z. B. eine Ringelblumensalbe). Für andere mag dies allein oft schon wie Zauberei aussehen!

Was sind also überhaupt Zaubertränke?

Der Begriff „Zaubertrank" ist eigentlich ungenau. Er vermittelt dir den Eindruck, jede Mixtur mit Zauberkraft müsse trinkbar sein. Dabei gibt es Zaubertränke in vielen anderen Formen: Bäder, Tees, Speiseöle, Körper- und Massageöle, Gewürze, Duftkissen, Parfums, Marmeladen ... Zaubertränke muss man nicht trinken können! Es sind Mixturen, die auf deiner Kenntnis der Heil- und der Zauberkräfte von Pflanzen und der Natur im Allgemeinen beruhen. Du kannst in ihnen baden, sie auf die Haut auftragen, unter dein Kopfkissen legen (oder unter das einer anderen Person). Du kannst sie unter den Salat mischen, Gerichte damit würzen oder dich mit ihrem Duft parfümieren.

Die Kräuter für deine Zaubermixturen kannst du im Freien sammeln oder selber ziehen. Wenn du wilde Kräuter sammelst, musst du darauf achten, dass du an den richtigen und an sauberen Stellen suchst, das heißt ohne große Einwirkung von Abgasen und chemischem Dünger. Waldränder und Wildwiesen sind ideal. Ich kann dir allerdings sehr empfehlen, deine Kräuter selber zu ziehen. So bist du dir sicher, alle notwendigen Zutaten immer parat zu haben. Und du kannst sie mit dem folgenden Ritual weihen und mit deiner eigenen magischen Energie aufladen, so dass sie schneller und besser ihre Wirkung in deinen Mixturen entfalten.

Das Weihungsritual für deine Kräuter

Die Kräuter, die ich selber ziehe, weihe ich mit einem Ritual, das die Verbindung zwischen mir und den Pflanzen stärken soll. Zusätzlich zu ihrer natürlichen Kraft übertrage ich ihnen damit einen Teil meiner persönlichen magischen Energie. Dazu stellst du ihre Töpfe ins Mondlicht. Sie saugen so die Kraft des Mondes in sich auf. Für dieses Ritual ist keine bestimmte Mondphase notwendig. Du musst die Kräuter auch nicht ins Freie stellen, sondern kannst genauso gut das Mondlicht, das in dein Zimmer fällt, nutzen.

Das Ritual

❶ Du stellst deine Kräuter ins Mondlicht.

❷ Wenn du Quarzsteine besitzt, können sie bei diesem Ritual hilfreich sein, denn sie ziehen positive Energie an. Lege sie neben die Töpfe deiner Kräuter.

❸ Setze dich auf die Erde neben deine Werkzeuge.

❹ Atme tief ein und aus. Nimm dir Zeit, atme ruhig und gleichmäßig.

❺ Schau ins Mondlicht, das auf deine Kräuter fällt.

❻ Bitte den Mond, seine Energie mit dir zu teilen. Hierfür gibt es keinen vorgegebenen Spruch, du musst die Worte in dir finden und die Bitte einfach so formulieren, wie es dir gerade in den Sinn kommt.

❼ Danach stellst du die Kräuter über Nacht auf deinen Altar.

Dieses Ritual solltest du regelmäßig durchführen, mindestens aber einmal im Monat, denn so, wie du die Kräuter aufladen kannst, entladen sie sich auch wieder!

Du bestimmst die Magie deines Zaubertranks!

Rituale sind für deine Zaubertränke sehr wichtig. Ohne diesen „Hokuspokus" bleibt ein Rosmarinzweig ein einfaches getrocknetes Kraut. Erst wenn du durch dein Ritual und den Zauberspruch einen magischen Energiefluss zwischen dir, den Zutaten und der Natur aufbaust und in Gang bringst, kann der Zauber seine Wirkung entfalten. So kann auch ein ganz einfaches Teerezept eine Zauberwirkung entfalten, wenn du dich auf deinen Willen konzentrierst und die richtigen magischen Handlungen durchführst.

Wenn du dich mit Zaubertränken und der magischen Energie von Kräutern, Obst und Pflanzen allgemein auseinandersetzt, wirst du manchmal überrascht sein. Vieles wird dir so bekannt vorkommen, dass du nicht glauben kannst, dass es sich um Zutaten für einen Zaubertrank handelt. Ein Apfel ist ein ganz alltägliches Obst. Doch gleichzeitig ist er ein Symbol der Liebe für uns Hexen und kann daher in Zaubern verwendet werden, die sowohl mit romantischen Gefühlen als auch mit freundschaftlicher Zuneigung zu tun haben. Du musst also erst einmal alle scheinbaren Gewissheiten über Bord werfen und neugierig und offen für Neues sein.

Das Ritual, deine magische Energie und dein Wille ergeben die Kraft des Zaubers. Die Mixturen eines Zaubertranks sind die Mittel, die diese Energien tragen und Wirklichkeit werden lassen. Ohne dich und deinen Willen gibt es keinen Zauber!

Vor jedem Zauber
bedenke eines:
Tu, was du willst,
Und schade keinem.

Denn alles, was ausgeht,
Kehrt dreifach zurück.

Denn du bist Teil
des Ganzen,
Und das Ganze
ist Teil von dir.

– Oberste Regel der weißen Magie –

Die 13 Regeln einer guten Hexe

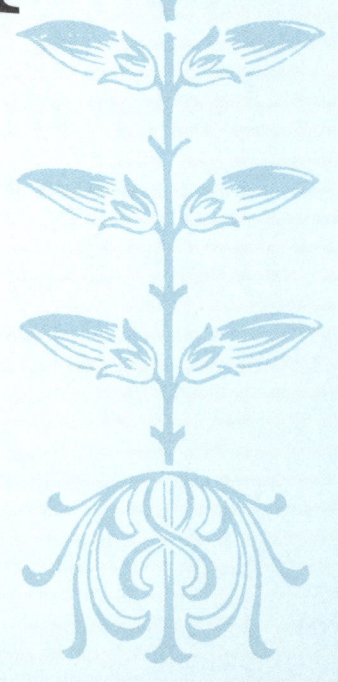

Diese 13 Regeln sind die Grundlagen der weißen Magie und damit deiner Zauberkraft. Wenn du meine ersten beiden Bücher, *Das Buch der Schatten* und *Das Buch der Zaubersprüche*, schon gelesen hast, wirst du diese Regeln bereits kennen. Sie sind aber so wichtig, dass ich sie hier auch für alle meine neuen Leser noch einmal aufführen möchte. Denn ohne diese 13 Grundregeln zu kennen, kannst du einfach keine gute Hexe werden – und erst recht nicht die Kunst der Zaubertränke erlernen. Auch wenn du sie schon kennst, lies sie dir aufmerksam durch und versuche dabei, darüber nachzudenken und jede dieser Regeln mit Inhalt zu füllen.

❶ Tu, was du willst, und schade keinem

Dies ist unsere oberste Regel. Hexen heißt, seinen Willen um- und durchzusetzen. Aber nur so lange, wie kein anderer Schaden nimmt. Man könnte auch so sagen: Deine Freiheit endet dort, wo die des anderen beginnt. Bevor du zauberst, solltest du dir immer genau über die Konsequenzen im Klaren sein, die eintreten, wenn dein Zauber wirksam wird. Denn denke daran: Alles, was du tust, fällt dreifach auf dich zurück. Auch das Schlechte!
Übrigens: Die Regel bezieht dich mit ein. Falls du mit einem Zauber dir selber langfristig schaden könntest, darfst du ihn nicht durchführen.

❷ Sei immer ehrlich zu dir selbst

Diese Regel ist grundlegend. Nur so kannst du deine Stärken und Schwächen kennen lernen. Denn nur wer seine Grenzen genau kennt, kann seine magische Energie leiten und kontrollieren. Wenn du mit Zaubersprüchen arbeitest, wirst du deine individuelle Energie immer stärker entdecken und vor allem weiterentwickeln. Denn dies ist das Geheimnis aller Zauberei: Energie nach seinem eigenen Willen lenken. Wenn du deine eigene Persönlichkeit dabei außer Acht lässt, passiert dies unkontrolliert und stellt damit eine Gefahr für dich und deine Umwelt dar. Menschen, die ihre Grenzen nicht kennen, sind gefährlich. Dies musst du dir immer vor Augen halten!

❸ Beherrsche die Regeln deiner Hexenkunst

Die Zauberkunst hat ihre Regeln. Sie ist keine Spielerei, sondern beruht auf althergebrachtem Wissen. Dieses Wissen sollst du dir stetig aneignen und nicht in deinen Bemühungen nachlassen. Oberflächliches Wissen ist unbrauchbar – ja, sogar gefährlich!

❹ Lerne dein Leben lang. Sei immer neugierig auf Neues

Denke nie, du kannst schon alles! Du sollst dich immer wieder neu mit deiner Hexenkunst auseinander setzen. Leben heißt Lernen. Sei nicht verschlossen, sei neugierig und offen für Neues. Um Wissen muss man sich bemühen, es fällt einem nicht zu. Du wirst Geduld und Ausdauer brauchen.

❺ Wende dein Wissen weise an

Weisheit ist ein großes Wort. Niemand wird weise geboren, und sicher denkst du dir, dass du niemals zur Weisheit gelangen wirst. Die Technik allein wird dir nichts nutzen. Du musst auch wissen, wann und in welchen Zusammenhängen du Magie anwenden kannst. Weisheit hat nicht nur mit Intelligenz zu tun, das Gefühl für das Richtige muss hinzukommen. Bei einer guten Hexe paart sich Wissen mit Weisheit.

❻ Finde dein inneres Gleichgewicht und lebe danach

Wie kannst du sicher sein, dein inneres Gleichgewicht gefunden zu haben? Wenn eine Balance zwischen Intellekt, Gefühl und Körperlichkeit eingetreten ist. Du sollst dich nicht nur auf Schule und Studium konzentrieren, sondern dich gleichzeitig mit deinen Freunden treffen und Sport treiben. Nur wenn du ein Gefühl für dein inneres Gleichgewicht gefunden hast, wirst du offen sein und ein Gespür für Störungen entwickeln können – eine wichtige Voraussetzung für das Erspüren von Energien.

⑦ Unterschätze nie die Kraft des Wortes!

Eine Hexe darf diesen Fehler niemals begehen. Wenn du dir vor Augen hältst, dass ein großer Teil unserer Kraft in den Worten liegt – in Zaubersprüchen und in der verbalen Begleitung der Rituale –, wirst du verstehen, dass eine Hexe nie unbedacht plaudern sollte. Das Wort hat eine besondere Kraft, es kann befreien, anstoßen und verändern, aber auch verletzen und zerstören.

⑧ Lerne, dich zu konzentrieren

Im Mentalen liegt die große Stärke einer Hexe. Hier gibt sie ihrer Energie den Anstoß und dirigiert ihre Kraft. Nur wenn du lernst, dich zu konzentrieren, kannst du deine Energie nach deinem Willen lenken.

⑨ Lebe im Einklang mit der Natur

Hexen leben nach den Regeln der Natur. Rituale und weiße Magie werden vom Rhythmus der Natur bestimmt und geprägt, von Mondphasen und den vier Jahreszeiten. Modernes Hexentum definiert sich über diese Nähe. Wenn du deine eigenen Zaubersprüche schreibst, wirst du genau auf die Natur zu achten lernen, denn jeder Spruch arbeitet mit ihren besonderen Kräften.

⑩ Respektiere deine Umwelt

Das menschliche Wesen ist dazu bestimmt, ein Leben in Freude und Liebe zu führen, nicht in Ärger und Hass. Du sollst bei jedem Zauberspruch darauf achten, dass er nicht von negativen Gefühlen gegenüber deiner Umwelt motiviert ist. Denke immer an unser oberstes Gebot: Tu, was du willst, aber schade niemandem. Nur wenn du deine Umwelt, deine Familie, Freunde und Bekannten wirklich respektierst – ihre Art zu leben, ihre Wünsche, ihre Träume, ihre Stärken und Schwächen –, kannst du dieses Gebot tatsächlich befolgen. Denn da, wo die Freiheit des anderen beginnt, endet deine eigene!

⑪ Achte auf deine Gesundheit

Dies ist eine zentrale Regel. Dein Körper ist ein Heiligtum! Er ist Teil der Natur. Deine mentale Kraft ist eng mit deiner körperlichen Kraft verbunden. Es gibt keine Teilung. Nur wenn dein Körper gesund ist, wird auch dein Geist gesund sein. Zaubersprüche und Rituale solltest du nicht durchführen, wenn du krank bist oder dich schlecht fühlst.

⑫ Meditiere

Durch Meditation bündelst du deine mentale Energie. Nur durch die Bündelung kannst du deine Kraft gezielt einsetzen. Zu eng darfst du die Meditation aber auch nicht sehen. Nimm dir einfach jeden Tag ein wenig Zeit, um deine Gedanken schweifen zu lassen, ohne Ablenkung und Zerstreuung. Dann wirst du mit der Zeit von ganz alleine zu einer echten Meditation gelangen.

⑬ Ehre die Kräfte der Natur

Für viele von uns sind dies die alten Naturgötter, die in der weißen Magie eine große Rolle spielen. Oft werden diese Götter in Ritualen angerufen, um ihre Energien zu aktivieren und ihre Unterstützung zu beschwören. Du solltest dir einfach im Klaren darüber sein, dass du mit althergebrachtem Wissen arbeitest und eine Kunst erlernen möchtest, die Jahrtausende alt ist.

> Schreibe dir diese Regeln auf ein Blatt Papier oder kopiere dir diese Seiten und hänge sie an die Wand deines Zauber-Zimmers, am besten in die Nähe deines Altars. So hast du sie beim Schreiben deiner eigenen Zaubersprüche immer vor Augen.

Oh,
Mächte der Natur
steht mir bei
Und schützt mich.

Feuer, Wasser,
Erde, Luft:
Euch sei Dank.
Euch ehre ich.

– Anrufung der vier Elemente für deine Zauber –

Dein Hexen-Handwerks-zeug

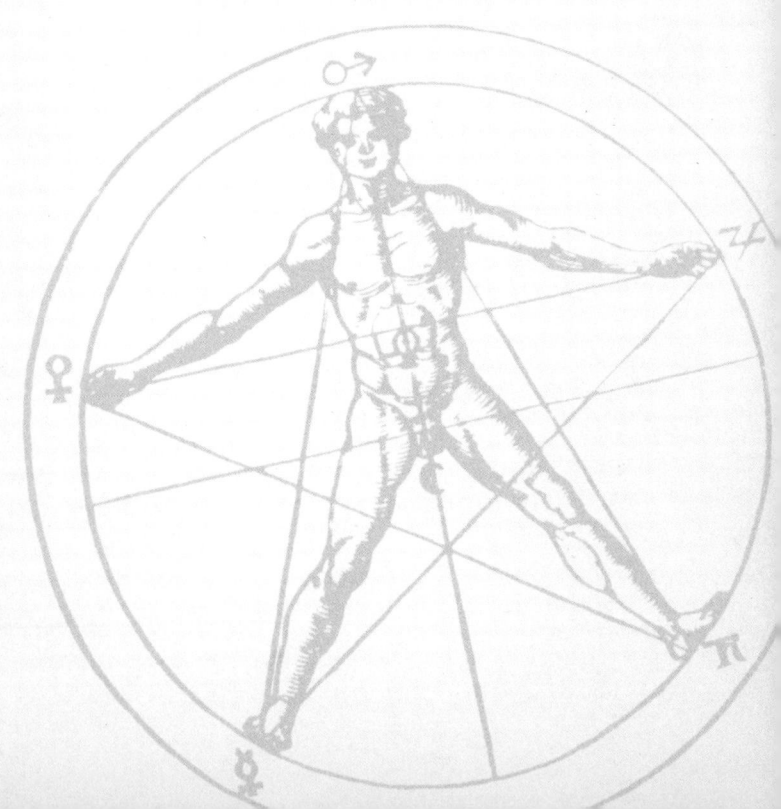

Das Hexenritual ist sehr wichtig für das Gelingen deines Zaubertranks. Ein Apfel bleibt ein Apfel, ein Rosenblatt ein Rosenblatt und ein Rosmarinzweig ein trockenes Stück Kraut, wenn es nicht Teil eines magischen Rituals wird und damit seine magische Energie freisetzen kann. Bevor du also etwas über Kräuter und andere Pflanzen sowie ihre Heilkräfte erfährst, musst du das ABC der Hexenrituale beherrschen.

So ziehst du einen magischen Zirkel

Einen magischen Zirkel ziehst du natürlich bei der Ausführung deiner Zaubersprüche und Rituale. Aber auch für das Mixen deiner Zaubertränke musst du diesen „Energiekreis" aufbauen. Denn mit einem magischen Zirkel ziehst du einen Schutzkreis um dich und alle Zutaten, die dem Zaubertrank die magische Energie geben sollen. Vielleicht kennst du schon den „großen magischen Zirkel", in dem man den Schutz der Elemente Feuer, Wasser, Erde und Luft anruft. Es gibt auch einen „kleinen magischen Zirkel", den wir in Notfällen, d. h. wenn wir keine Zeit haben, anwenden. Dieser kleine Kreis wird auch oft beim Mixen eines Zaubertranks benutzt.
Und so geht's:

Zur Vorbereitung legst du alle wichtigen Zutaten deines Zaubertranks zusammen – Kräuter, Öle und alle Werkzeuge, wie Mörser und Stößel, Messer und natürlich den „Hexenkessel", der ja doch oft nur ein einfacher Kochtopf ist. Du kannst diese Zutaten auf deinem Altar aufreihen oder auch einfach auf deinen Küchentisch legen. Wichtig ist, dass du ungestört bist, denn nun musst du dich konzentrieren.

❶ Stell dir vor, du siehst ein weißes Licht, das aus deinem Zeigefinger strömt. Konzentriere dich ganz fest, bis du dieses Licht siehst.

❷ Dann geh deinen Kreis im Uhrzeigersinn ab und zeichne mit dem imaginären Licht den Kreis.

❸ Dabei sagst du:

> *Dieser Kreis ist ein Raum*
> *Gefüllt mit positiver Energie.*
> *Dieser Kreis ist mein Schutzschild.*

4 Dann gehst du den Kreis zum zweiten Male ab und sagst:

> *In diesem Kreis kann mir nichts geschehen,*
> *Die Elemente schützen mich.*

5 Du gehst den Kreis ein drittes Mal, immer noch im Uhrzeigersinn, und sagst:

> *Dieser Kreis wird meinen Spruch stärken*
> *Und meinen Willen lenken.*

6 Schau nach Norden und zeichne mit dem von dir gewählten Gegenstand ein Pentagramm in die Luft.

7 Tu das Gleiche in Richtung Osten, Süden und Westen.

Damit ist der magische Kreis aufgebaut, und du kannst deinen Zaubertrank herstellen.

Und so löst du den magischen Kreis auf

Du zeigst mit dem Zeigefinger nach Norden und gehst den Kreis gegen den Uhrzeigersinn ab. Dabei sagst du:

> *Ich breche diesen Kreis nicht –*
> *Sondern ich öffne ihn.*
> *Der Zauber, den ich aussandte,*
> *Entfaltet nun seine Kraft.*
> *Ich werde niemandem schaden,*
> *Denn alles, was ausgeht,*
> *Kehrt dreifach zurück.*

So überträgst du deine magische Energie

Deine Kraft liegt in der Konzentration! Bevor du einen Zaubertrank braust, musst du dir eines ganz genau klar machen: Was willst du mit diesem magischen Akt – denn ein Zaubertrank ist nichts anderes – erreichen? Du musst dich selbst kritisch befragen:

- Was soll dieser Trank für mich tun? Was erhoffe ich mir?
- Habe ich alle nicht-magischen Mittel, die mir zur Verfügung stehen, ausprobiert?
- Bin ich mir sicher, dass ich keinem anderen schade?

Ohne diese klare Vorstellung über die Konsequenz deines magischen Aktes wäre der nächste Punkt wirkungslos: Konzentration. Durch intensive Konzentration auf deine innersten Gefühle und dein persönliches Ziel bündelst und dirigierst du die Kraft, die in dir liegt.

Konzentration ist das A und O!

Um deine Zutaten mit deiner magischen Energie aufzuladen, musst du dich zuallererst voll auf das Ziel deines Zaubers konzentrieren. Das ist zu Beginn nicht einfach. Auch wenn es dir schwer fällt, versuche es immer wieder. Wichtig ist dabei vor allem, dass du ruhig und gleichmäßig atmest. Konzentriere deine Gedanken auf ein mentales Bild, bei dem du dich besonders wohl fühlst. Bleibe immer bei diesem einen Bild – eine grüne Wiese, deine Lieblingsblume, ein runder Stein, eine Muschel. Mit der Zeit wird sich deine Konzentration schon einstellen, wenn du dieses Bild im Geiste aufrufst! Dann bleibe gedanklich bei diesem Bild, so lange, bis du merkst, dass sich dein Atem von alleine beruhigt. Lass dir Zeit dabei, Eile und Hetze führen in der Magie zu nichts!

Mein Tipp:
Suche dir eine ruhige Ecke. Konzentriere dich auf einen Gedanken, der dir wichtig ist. Spüre die Energie in deinem Inneren. Strecke die rechte Hand und den rechten Zeigefinger aus. Verfolge mit deiner Konzentration den Weg der Energie aus deinem Inneren, in deine Schulter, in deine Hand, in deinen Zeigefinger. Versuche, diese Spannung einige Zeit zu halten.

Das Energieritual für die Zutaten eines Zaubertranks

Jetzt kannst du zum eigentlichen Aufladen übergehen. Dieser Schritt ist sehr wichtig, denn ohne deine magische Energie bleiben die Kräuter ganz einfache Kräuter, und Öle bleiben normale Bade- oder Küchenöle. Erst das Zusammenspiel der Kräfte der Natur und deiner inneren Kraft lässt den Trank zum Zaubertrank werden! Und so geht's:

Zuerst ziehst du einen magischen Zirkel, wie ich es dir auf S. 21 gezeigt habe. Damit baust du einen Schutzkreis auf und konzentrierst die magische Energie innerhalb dieses Kreises.

❶ Du stellst dich vor deine Zutaten und Hexenwerkzeuge: Kräuter, Messer, Topf oder Flaschen. Du streckst deine Hände so aus, dass die Handflächen den Zutaten zugewandt sind.

❷ Du schließt die Augen und konzentrierst dich. Atme tief und ruhig. Versuche, dir vorzustellen, wie sich deine magische Energie in deinen Händen konzentriert. Merkst du, wie deine Fingerspitzen anfangen zu kribbeln? Das ist das Zeichen, dass die Energie fließt.

❸ Strecke beide Arme nach oben und sage:

Gebt mir die Kraft, oh Elemente,
Damit meine Energie fließen kann.
Gebt mir die Kraft, oh Elemente,
Damit meine Energie übergehen kann.

Dies ist mein Wille, also geschehe es.

❹ Dann nimmst du die Arme wieder herunter und legst die Handflächen abwechselnd auf alle Zutaten. Dabei sagst du:

Ich übertrage dir einen Teil meiner Energie,
Auf dass du diese Kraft weitergibst.

Und es geschehe, was mein Wille ist.

⑤ Dann löst du den magischen Zirkel wieder auf und gehst zum Brauen deines Zaubertranks über.

Der Hexenaltar – dein magischer Ort

Dein Altar ist ein Ort, an dem du dich konzentrierst, meditierst und deine magischen Akte vollziehst. Er sollte nur hierzu benutzt werden. Dein Arbeitstisch oder der Küchentisch können nicht zum Altar umfunktioniert werden. Dein Altar gehört nur dir und darf nicht von fremden Energien beherrscht werden. Du musst dir deinen eigenen Altar aufbauen. Dies wird der zentrale Ort in deinem Leben als Hexe. Auch wenn du die meisten deiner Zaubertränke in der Küche anmischst und kochst und auch Badeöle nicht an deinem Altar anwendest, sondern natürlich im Badewasser und damit im Badezimmer: An deinem Altar konzentriert sich deine magische Kraft, und deshalb wird dies auch der zentrale magische Ort für die Herstellung deiner Zaubertränke sein. Hier kannst du deine Werkzeuge, wie geweihtes Wasser, Weihrauch, Kerzen und Salz, aufbewahren. Und natürlich dein *Buch der Schatten*, in das du deine eigenen Rezepte für neue Zaubertränke schreiben kannst!

Es gibt keine Vorschriften, wie ein Altar auszusehen hat, denn er ist ein sehr persönlicher Ort. Du gestaltest ihn so, wie du möchtest. Er muss auch nicht ständig aufgebaut bleiben. Manchmal wirst du ja auch nicht wollen, dass alle, die dich besuchen, direkt auf deine Arbeit als Hexe aufmerksam werden. Dein Altar kann alles sein: ein alter Baumstumpf draußen im Garten, ein Stein, den dir ein Freund oder eine Freundin geschenkt hat, oder ein einfaches Regalbrett. Es kann auch durchaus ein Karton sein, in dem du alle notwendigen und dir wichtigen Dinge aufbewahrst und den man schnell hervorziehen kann. Lass deine Fantasie spielen!

Es gibt aber auch ganz praktische Überlegungen, die du anstellen solltest. Zuerst einmal muss es ein ungestörter Ort sein. Du sollst dich konzentrieren können, ohne jeden Augenblick von jemandem überrascht werden zu können. In vielen unserer Zauber und Rituale werden Kerzen angezündet und Räucherwerk abgebrannt. Ein windiger, zugiger Platz wäre also unpraktisch, ja sogar gefährlich. In deinem Garten wirst du vielleicht einen ruhigen Ort finden, der deinen mystischen Ansprüchen genügt und von dem deine Familie und Freunde nicht wissen. Im Herbst kann der gleiche Ort aber sehr gefährlich werden, wenn du deine Handlung inmitten von trockenen Blättern vollziehst.

Auch sollten der Untergrund, auf dem dein Altar steht, oder dein Altar selber nicht uneben sein oder unsicher stehen und wackelig sein. Brennende Kerzen und heißes Öl müssen sicher stehen!

> *Mein Tipp:*
> *Suche dir deine wichtigsten Werkzeuge zusammen und überlege dir geeignete Plätze für deinen Altar. Teste sie an verschiedenen Zeiten am Tag. Bist du ungestört? Kannst du mit all deinen Werkzeugen arbeiten, ohne aus Sicherheitsgründen ein Ritual nicht vollziehen zu können? Bist du zeitlich nicht unter Druck? Kannst du dich konzentrieren? Erst wenn du auf all diese Fragen mit Ja antworten kannst, hast du den richtigen Platz gefunden.*

Manchmal ist einfach nur der richtige Zeitpunkt wichtig, um ungestört zu sein. Plane im Voraus! Besorge alle nötigen Werkzeuge, alle Materialien und sei mental bereit, bevor du dich an deinen Altar begibst. Am Anfang wird dir die Konzentration schwer fallen. Die Gedanken schweifen ab, die Füße werden kribbelig und die Zeit, die du dir für deine Handlungen genommen hast, beginnt sich zu ziehen. Gib nicht auf! Mentale Konzentration braucht Übung. Auch ich habe einige Zeit gebraucht, bevor ich zum ersten Mal einen Zauber so ausführen konnte, dass ich eine Verbindung zwischen mir und der Energie um mich gespürt habe.

Wenn du deinen Zaubertrank nach allen Anweisungen in der Küche oder an einem anderen Ort zusammengerührt hast, trägst du ihn in einem Gefäß an deinen Altar. Hier wirst du ihn dann noch einmal ganz konzentriert mit deiner magischen Energie aufladen. Ich zeige dir jetzt ein Ritual, das ganz speziell für dieses letzte Aufladen eines Zaubertranks bestimmt ist.

> *Mein Tipp:*
> *Du kannst dieses Ritual auch dazu nutzen, einem Trank, den du schon lange lagerst und der an Energie verloren hat, wieder neuen Pepp zu geben!*

Das Energieritual für deinen Altar

Du benötigst:

- *Vier weiße Kerzen*
- *Drei Wacholderbeeren und einen Mörser*
  (oder drei Tropfen Wacholderöl für deinen Duftstein)
- *Zwei Blatt Papier*
- *Einen roten Stift*
- *Eine große, feuerfeste Schale*

1 Als Erstes stellst du den Trank auf deinen Altar. Vorsicht, wenn es sich um eine heiße Flüssigkeit handelt!

2 Dann stellst du die vier Kerzen an die vier Ecken deines Altars. Du kannst sie auf den Altar stellen, aber genauso gut auch auf den Boden daneben. Wichtig ist nur, dass der Altar von ihnen „eingerahmt" wird. So wird er vom Element Feuer geschützt und mit ihm dein Zaubertrank.

3 Du entzündest die Kerzen und zerstößt die Wacholderbeeren in dem Mörser. Alternativ träufelst du drei Tropfen Wacholderöl auf deinen Duftstein.

4 Du malst auf eines der Blätter eine Sonne, auf das andere einen Mond. Dann legst du die Blätter nebeneinander vor deinen Altar – die Sonne rechts, den Mond links – und setzt dich im Schneidersitz davor (wer gelenkig ist, kann auch den Lotussitz ausprobieren).

5 Lege die Hände auf deine Knie, die Handflächen nach oben. Schließe die Augen und konzentriere dich. Lege deine ganze Aufmerksamkeit in deine Handflächen und versuche, deine magische Energie dort zu fokussieren.

6 Wenn du spürst, wie deine Handflächen vor Energie zu kribbeln anfangen, dann öffne die Augen und lege beide Hände auf die Symbole Sonne und Mond, die du vorher auf die Papiere gezeichnet hast. Die linke Hand legst du auf den Mond, die rechte auf die Sonne.

❼ Du schaust auf deinen Zaubertrank und stellst dir dabei im Detail erst den Mond, dann die Sonne vor. Konzentriere deinen Geist auf ihr jeweils besonderes Licht, das weiche, sanfte des Mondes und das strahlende, kraftvolle der Sonne.

❽ Dann hebst du beide Arme und richtest deine Handflächen auf den Trank. Die Entfernung ist dabei nicht von Bedeutung; ob nun drei Meter zwischen dir und dem Zaubertrank liegen oder du das Gefäß mit beiden Händen umfasst, das ändert nichts an der magischen Energie. Wichtig ist nur, dass du deine Handflächen wirklich auf den Trank ausrichtest.

❾ Dann sagst du:

> *Auf dass meine Kraft übergehe auf dieses Elixier,*
> *Auf dass der Mond meine Kraft trage*
> *Und die Sonne meine Energie verstärke.*
> *Auf dass die Gestirne mit mir seien.*
>
> *Dies ist mein Wille, also geschehe es.*

❿ Anschließend verbrennst du die Blätter in einer feuerfesten Schale. Sei dabei vorsichtig, brennendes Papier kann leicht von einem schwachen Luftzug weggetragen werden!

⓫ Dann löschst du die Kerzen. Nun kannst du deinen Zaubertrank anwenden!

Mein Tipp:
Auf deinem Altar oder in seiner Nähe lassen sich Kräuter und Zaubertränke besonders gut aufbewahren, denn hier befindet sich ein ganz besonderes magisches Kraftfeld, das die Heil- und Zauberkraft der Zutaten sehr günstig beeinflusst.

Willst du sehen,
Dann musst
du verstehen.

Erst finde
den Sinn,
Dann fühle
die Richtung.

– Regel der weißen Magie –

Die Hexen-kunst Der Zauber-tränke

Wir Hexen arbeiten im Einklang mit der Natur. Viele der Werkzeuge während eines Rituals oder eines Zauberspruchs entstammen der Natur. Wir arbeiten in und mit ihrem Rhythmus. Ganz wichtig ist dabei seit Jahrhunderten die Kenntnis der Heilkräuter. Hexen haben sich schon immer besonders gut mit Pflanzen und deren besonderer Wirkung ausgekannt, und das ist auch bei uns modernen Hexen nicht anders. In deinen Zaubertränken kannst du Kräuter auf vielerlei Art und Weise einsetzen: Du verwendest sie frisch oder getrocknet, du stellst Tee oder Aufgüsse, Salben und Pasten her, du kannst Öle aus ihnen machen, du kannst sie unter dein Essen mischen. Wichtig ist einzig und allein, dass du ihre Wirkung kennst und dir darüber im Klaren bist, was du mit diesem besonderen Zaubertrank erreichen möchtest.

Hier findest du die richtigen Kräuter für deinen Zaubertrank

Sämtliche Kräuter gibt es heutzutage im Supermarkt oder auf dem Wochenmarkt. Du musst nicht mehr, wie meine Großmutter, in den Wald gehen und dir mühsam alles zusammensuchen oder die Kräuter selber ziehen. Eine moderne Hexe zu sein, hat auch Vorteile. Trotzdem gehört es weiterhin zu deinem Dasein als Hexe, nicht nur auf die Auslage des Supermarktes zu vertrauen. Kräuter wachsen eben nicht alleine in Treibhäusern mit dem einzigen Ziel, unseren Salat geschmacklich zu verbessern, sondern sind Teil der Natur und haben ganz besondere Heilkräfte und magische Energien! Du solltest dich also dafür interessieren, wo und wie die Pflanzen wachsen, die du später in deinen Zaubertränken verwendest, und selbst einmal in Wäldern und auf Wiesen nach ihnen suchen. Aber für die schnelle Hilfe ist der Supermarkt trotzdem prima und sehr praktisch ...
Die meisten frischen Kräuter kannst du also im Supermarkt oder beim Gemüsehändler kaufen, getrocknete findest du auch ganz leicht in jedem Lebensmittelmarkt. Hast du einmal Schwierigkeiten, ein bestimmtes Kraut zu finden, wende dich einfach an deinen Apotheker. Zum einen verkauft er wahrscheinlich die meisten Kräuter selber – denn schließlich handelt es sich ja um Heilkräuter! –, zum anderen kennt er sich gut aus und kann dir sicher den einen oder anderen Tipp geben, wozu die Pflanze gut ist und worauf du beim Verarbeiten – und beim Verzehr! – achten solltest.
Dies ist ohnehin mein Rat: Ich kann dir in diesem Buch nicht alle Kräuter, mit denen du jemals arbeiten könntest, vorstellen. Wenn

du auf ein dir unbekanntes Kraut triffst, sei es in einem Zauber-spruch oder in einem Zaubertrank, sei es, dass eine Freundin dir die Wirkung eines Krautes ans Herz legt, dann informiere dich gründlich, bevor du es einsetzt. Kräuter sind eben nicht einfach nur Grünzeug, sondern haben bestimmte Wirkungen. Oftmals können sie auch deine Gesundheit beeinträchtigen, wenn du sie falsch ein-setzt. Deshalb: Entweder in Büchern nachschlagen oder den Apo-theker fragen!

Du kannst deine Kräuter selbstverständlich auch selber ziehen. Die meisten Samen gibt es in der Gärtnerei zu kaufen. Ich persönlich tue das. Auch wenn ich in der Stadt wohne und keinen Garten habe, ziehe ich meine Kräuter auf dem Balkon oder Fensterbrett. So kann ich ihnen während des Wachstums mit Weihungsritualen Energie zuführen.

So ziehst du deine Kräuter selber

Wenn du schon ein wenig gezaubert und über die Wirkung von Kräutern gelesen hast, weißt du sicher, welche Kräuter du oft und immer wieder benötigst. Fang doch einfach an, drei oder vier Pflan-zen selber anzubauen. Du wirst sehen, es macht Spaß, und bald ist aus den wenigen Töpfen ein ganzer Kräutergarten geworden.

Ein großer Vorteil ist nämlich, dass du bei Kräutern, die du selber ziehst, regelmäßig das Weiheritual durchführen kannst und du Ge-legenheit hast, deine Pflanzen mit deiner magischen Energie aufzu-laden. So werden diese Kräuter schon sehr früh zu magischen Kräu-tern und haben später in deinem Zaubertrank eine ganz besondere Kraft!

Welche Grundausstattung braucht also die Kräuterhexe, wenn sie anfängt?

Du brauchst Töpfe

Natürlich findest du ganz viele Arten von Töpfen im Handel, die sich auch gut auf deinem Balkon oder Fensterbrett machen wür-den. Ich empfehle aber immer den ganz einfachen Tontopf, denn hier fühlen sich auch empfindliche Kräuter wohl. Falls du deine Kräuter – sofern sie winterhart sind! – das ganze Jahr über auf deinem Balkon lassen möchtest, achte darauf, dass du frostfeste Töpfe wählst. Sonst lassen die niedrigen Temperaturen den Ton springen, und dein schöner Kräutergarten liegt in Scherben!

Du brauchst Erde

Die Erde muss unbedingt von guter Qualität sein. Wenn du schlechte Erde kaufst, kann die Pflanze darin einfach nicht die für sie lebensnotwendigen Nährstoffe finden. Auch die Erde, die du vielleicht in deinem Garten findest, ist für eine Topfpflanze leider nicht geeignet. Geh also am besten in einen Fachhandel und kaufe eine spezielle Mischung für Topfpflanzen. Ich kann auch die „Einheitserde" empfehlen – frage einfach den Händler danach, er wird dir sicher Auskunft geben können.

Wenn du aussäen möchtest, nimm am besten Erde, die noch nicht gedüngt ist, denn die Samen brauchen noch kein Kraftfutter. Später, wenn die Pflanze ausgewachsen ist, solltest du sie einmal in der Woche mit einem Flüssigdünger „füttern".

Dann brauchst du Samen

Samentütchen findest du im Supermarkt oder im Fachgeschäft. Auf den Tütchen solltest du unbedingt den kurzen Text lesen, denn hier stehen oft alle notwendigen Angaben zur Aufzucht des Krautes. Frage auch ruhig noch einmal den Fachhändler (oder den Blumenhändler an der Ecke!), worauf du unbedingt achten musst. Schau auch immer auf das Haltbarkeitsdatum, denn viele Samen bleiben nur eine bestimmte Zeit keimfähig.

Du brauchst eine Gießkanne

Deine Kräuter brauchen natürlich auch Wasser. Zum Angießen von frisch gesäten Kräutern brauchst du eine Gießkanne mit einer Brause, damit sich das Wasser auch gut verteilt. Wenn die Pflanzen größer sind und dicht auf deinem Balkon oder Fensterbrett zusammenstehen, nimmst du am besten eine Kanne mit langem Gießrohr. Auch Sprühflaschen kann ich sehr empfehlen, denn damit kannst du feinen Regen simulieren. Die zusätzliche Feuchtigkeit ist gerade für Pflanzen in der Sommerhitze oder bei Heizungsluft wichtig.

> *Mein Tipp:*
> *Denke daran, auch das Gießwasser und das Wasser in der Sprühflasche*
> *zu weihen und mit Energie aufzuladen. Das Ritual findest du auf Seite 24.*
> *So wird den Zauberkräutern noch einmal magische Kraft zugeführt.*
> *Darüber hinaus hat das Wasser für uns Hexen eine besondere Bedeu-*
> *tung, denn es ist Teil der vier Elemente – Feuer, Wasser, Erde, Luft –,*
> *die uns während der magischen Rituale die Kraft geben, unsere Zau-*
> *berkraft unterstützen und uns schützen. Sei dir also dessen bewusst,*
> *wenn du deine Pflanzen gießt.*

Und du brauchst eine Schaufel

Natürlich musst du auch in Töpfen die Erde regelmäßig lockern. Zum Umtopfen deiner Kräuter ist eine Schaufel ebenfalls nützlich, auch wenn du dich beim Gärtnern am besten vorwiegend deiner Hände bedienst. Pflanzenschaufeln findest du bei jedem Blumenhändler und im Baumarkt. Wenn du deinen Kräutergarten in einem Garten anlegst, empfiehlt es sich, eine richtige Gartenschaufel anzuschaffen.

Die Schaufel, die du für deine Zauberkräuter verwendest, kannst du mit deiner magischen Energie aufladen. Sie gibt sie dann jedes Mal, wenn sie Kontakt mit der Erde hat, ein wenig an diese ab. Und die Pflanze nimmt die Energie dann auf und kann sie anschließend in deinem Zaubertrank entfalten.

Und so geht's:

Du nimmst Olivenöl und schüttest ein wenig davon in eine kleine Schale. Du stellst die Schale auf einen Tisch. Dann hältst du deine linke Hand darüber. Du konzentrierst dich ganz auf deinen linken Arm und deine linke Hand. Atme tief und ruhig. Schließe die Augen und spüre, wie die magische Energie von deinem Herzen durch deinen Arm in deine Hand fließt. Von deiner Handfläche geht sie dann auf das Öl über. Dann reibst du die Metallteile der Schaufel mit dem Öl ein – am besten einmal im Monat.

Mein Tipp:
Als ich mit dem Zaubern anfing, fiel es mir sehr schwer, mich auf einen so abstrakten Begriff wie „Energie" zu konzentrieren. Meine Großmutter hat mir damals geraten, mir die magische Energie wie ein strahlend helles Licht vorzustellen, das von meinem Herzen aus meinen Körper durchläuft. Dann tritt es aus und fährt in den Gegenstand, den ich mit dieser magischen Kraft aufladen möchte. Mit meinen Händen kann ich die Richtung der Energie lenken. Was ich anfasse, geht eine Verbindung mit mir ein und „saugt" einen Teil meiner Kraft auf. So werde ich Teil des kosmischen Energiekreislaufes, und das ist die Grundlage aller magischen Prozesse!

Alles, was du über das Säen, Pflanzen und Pflegen wissen musst

Kräuter säen, pflegen und wachsen sehen, gehört nicht nur zu deinem Dasein als Hexe – es macht auch Spaß! Doch nicht immer geht alles so glatt wie in den Handbüchern beschrieben. Lass dich daher nicht entmutigen, wenn Saatgut einmal nicht aufgeht und du jeden Tag vergebens in deine Töpfe schaust. Und lass dir nicht sagen, du hättest keinen „grünen Daumen", wenn deine Kräuter nicht so gedeihen, wie du es dir erhoffst. Einen grünen Daumen gibt es nicht. Versuche zu verstehen, was schief gelaufen ist, und fang einfach noch einmal von vorne an. Allerdings musst du dich um deine Pflanzen kümmern und sie regelmäßig pflegen!

Kräuter säen

Zuerst benötigst du Saatgut, Anzuchterde und Töpfe. Für sehr kleine Samen (z. B. Petersilie) nimmst du am besten eine ganz flache Schale und topfst die Keimlinge dann um, wenn sie schon ein wenig gewachsen sind. Du füllst zuerst ein bisschen Erde ein und drückst die Samen dann mit den Fingern ein wenig an. Achte darauf, dass die Samen flach liegen, das heißt, dass jeder Samen seinen Platz findet und nicht mit den anderen um lebenswichtige Erde konkurrieren muss. Bei den meisten Samen musst du noch ein wenig Erde darüber streuen.

Große Samen (wie die der Kapuzinerkresse) kannst du auch direkt in die Erde im Topf drücken, nachdem du einfach mit dem Finger ein Loch hinein gebohrt hast.

Die „Aussaat", also die frisch gelegten Samen, gießt du vorsichtig mit Wasser an (am besten mit dem Brauseaufsatz auf deiner Gießkanne). Anschließend stellst du die Töpfe an einen ruhigen, möglichst windgeschützten Ort. Versuche, einen Platz zu finden, an dem eine durchgängige Temperatur von 20° Celsius gewährleistet ist, denn das ist die Wärme, bei der das Saatgut am besten keimt. Und dann schützt du alles mit einer Folie. Achtung: Durchsichtig muss sie natürlich sein, damit die Samen auch Licht bekommen. Ohne Licht kann nichts wachsen! Sobald du die Keimlinge auf der Erdoberfläche erkennen kannst, darfst du die Abdeckung abnehmen.

Mein Tipp:
Ein Schutzzauber für Keimlinge
Die Keimlinge schütze ich immer mit einem Schutzzauber! So können sie sich in Ruhe und Sicherheit auf das Wachstum vorbereiten und laden sich nicht mit negativen Energien auf.

Schutzzauber für Pflanzen

Du benötigst:

- *Eine Nadel*
- *Ein kreisförmiges Metallplättchen*

❶ Du legst die Nadel und das Metallplättchen auf den Boden und ziehst um beides den magischen Kreis (siehe S. 21).

❷ Du gehst den Kreis dreimal gegen den Uhrzeigersinn ab. So gehst du der Sonne entgegen, und das ist wichtig für alle Abwehrzauber. Dabei sagst du:

Ich verbinde dich mit Schutz und Sicherheit,
Auf dass du nur Schutz und Sicherheit weitergibst.
Möge meine Kraft immer mit dir sein.

Dies ist mein Wille, also geschehe es.

3 Dann setzt du dich in die Mitte des Kreises und nimmst die Metallplatte und die Nadel. Du ritzt in das Plättchen die Rune „Schutz" ᛉ.

4 Dann hältst du das Plättchen noch in der geschlossenen Hand und überträgst durch Konzentration deine gesamte positive Energie auf den Gegenstand. Schließe die Augen, atme tief und ruhig und fühle, wie die Energie wie warmes, helles Licht deinen Arm durchrinnt und über deine Hand in den Anhänger übergeht. Du sagst dreimal:

> *Nimm meine Kraft.*
> *Gib sie an Erde, Licht und Wasser weiter.*
> *Auf dass der Zauber sich übertrage.*
>
> *Dies ist mein Wille, also geschehe es.*

5 Du stehst auf und löst den magischen Kreis auf.

6 Mit diesem Schutzzauber hast du dir einen Talisman ganz speziell für deine Zauberkräuter geschaffen, den du neben die Töpfe legst. Wenn du deine Kräuter im Garten ziehst, platzierst du das Metallplättchen nahe bei den Pflanzen. Am besten drückst du es ein wenig in die Erde hinein, so dass es ganz bedeckt und unsichtbar ist.

Mein Tipp:
Wiederhole diesen Schutzzauber jeden Monat am Abend vor Vollmond.
Dann lässt du den Talisman über Nacht im Licht des Vollmondes lie-
gen, so dass er sich zusätzlich noch einmal mit dessen ganz besonderer
Energie auflädt!

Stecklinge pflanzen

Von vielen Zauberkräutern kannst du Stecklinge im Frühjahr oder im Spätsommer ziehen. Mit einem scharfen Messer schneidest du etwa 3-cm-lange Triebe ab. Achtung! Mit scharfen Messern solltest du immer mit größter Vorsicht hantieren. Wenn du dich noch ein wenig unsicher fühlst, bittest du einfach deine Eltern oder deine älteren Geschwister, dir zu helfen. Die abgeschnittenen Triebe steckst du einfach in die angefeuchtete Erde eines Topfes und deckst sie wie die Keimlinge mit einer durchsichtigen Folie ab. Den Topf stellst du am besten nicht in die pralle Sonne, sondern in den Halbschatten, bis die Pflanze die ersten Wurzeln geschlagen hat.

Richtig gießen

Wichtig für deine Zauberkräuter sind alle vier Elemente: Licht, Wasser, Luft und Erde. Über die Erde weißt du nun schon Bescheid. Und dass Pflanzen Licht und Luft zum Gedeihen brauchen, das weißt du auch. Manche benötigen mehr Licht, andere weniger – die wichtigsten Informationen stehen meistens auf der Samenpackung, und im Zweifel fragst du einfach den Blumenhändler. Das Gleiche gilt für das richtige Gießen – manche Pflanzen benötigen mehr, andere weniger Wasser. Du solltest einfach aufmerksam das Wachstum und das allgemeine Aussehen deiner Kräuter beobachten. Wenn die Blätter anfangen zu hängen, dann solltest du schnell nach der Gießkanne greifen! Die Trockenheit der Erde kannst du ganz einfach mit dem Finger fühlen, sie sollte immer ein wenig angefeuchtet, aber nicht zu nass sein. Nach einiger Zeit wirst du die notwendige Erfahrung haben, um ganz intuitiv zu wissen, wann deine Pflanzen Wasser benötigen.

Kräuter umtopfen

Wenn deine Kräuter gut wachsen und gedeihen, wirst du sie in einen größeren Topf umsiedeln müssen. Ein sicheres Zeichen ist es, wenn die Wurzeln aus dem Wasserabzugsloch des Topfes herauswachsen. Du holst die Kräuter aus den alten Töpfen. Damit der Wurzelballen sich von der Topfwand leichter lösen lässt, schlägst du den Topf einfach ganz vorsichtig auf den Tischrand. Achtung: Nicht den Topf zerschlagen! Dann stellst du die Pflanze in den neuen größeren Topf, füllst die neue Erde ein, drückst alles sanft an und gießt ganz kräftig!

Wenn du Topfpflanzen in den Garten umpflanzen möchtest, dann hebst du an der gewünschten Stelle ein Loch aus, ausreichend groß für den Wurzelballen. Tipp: Als kleine Starthilfe kannst du der Erde noch ein wenig Kompost dazumischen. Dann setzt du die Pflanze in das Loch, drückst die Erde fest, gießt, und fertig ist der Kräutergarten!

Mein Tipp:
Manche Kräuter gedeihen im Zimmer nicht sehr gut, vor allem, wenn sie
noch viel Ähnlichkeit mit Wildpflanzen haben. Hierzu zählen zum Bei-
spiel Pfefferminze und Sauerampfer. Eine gute Lösung ist es, die Pflan-
zen auf dem Fensterbrett draußen vor dem Fenster zu platzieren. Frage
doch einfach deine Eltern, wie du die Töpfe sicher befestigen kannst,
dann kannst du auch diese Kräuter für deine Zaubertränke selber ziehen.

So sammelst du deine magischen Kräuter

Wenn du deine Kräuter nicht zu Hause auf dem Fensterbrett oder deinem Balkon ziehst, dann kannst du sie natürlich auch in der freien Natur sammeln. Es macht sehr viel Spaß, mit einem Kräuterbestimmungsbuch loszuziehen und zu versuchen, die richtigen Kräuter für den eigenen Zaubertrank selber zu finden. Hexe sein heißt ja auch: Der Natur nahe sein und ihre Regeln kennen. Das Suchen und Sammeln von Kräutern und Pflanzen auf Feldern, Wiesen und im Wald gehört ganz bestimmt dazu. Doch folgende Regeln solltest du dabei beachten:

• Sammle nie Kräuter an den Rändern von stark befahrenen Straßen. Die Schadstoffbelastung ist ganz einfach zu hoch.
• Pflanzen sind Lebewesen, behandle sie mit Sorgfalt! Achte darauf, wo du deine Füße hinsetzt, damit du nicht unnötig Pflanzen zerstörst.
• Sammle nur an trockenen Tagen.
• Sammle nie mehr Pflanzen, als du tatsächlich für deinen Zaubertrank brauchst.
• Sammle niemals geschützte Pflanzen, die bekommst du ganz einfach in jeder Apotheke! Bevor du dich also zum Sammeln aufmachst, informiere dich, welche Wildkräuter unter Naturschutz stehen.
• Verwahre die Kräuter nie in einer Plastiktüte – dort können sie nicht atmen. Nimm lieber einen Korb, den du dann auch weiter hin nur für das Sammeln deiner magischen Kräuter verwendest.
• Trockne die Kräuter auf einer sauberen Unterlage (am besten Holz) flach ausgebreitet in der Sonne. Wenn du sie ins Freie legst, achte darauf, dass du dir einen windgeschützten Platz aussuchst, sonst werden deine neuen Schätze mit einem kräftigen Windstoß weggeblasen!

- Suche dir Gläser in verschiedenen Größen, in denen du deine getrockneten Kräuter lagern kannst. Auf selbstklebenden Etiketten vermerkst du, um welches Kraut es sich handelt. Und vergiss das Sammeldatum nicht – Heilkräuter verlieren bei längerer Lagerung ihre Kraft. Nach einem Jahr solltest du sie fortwerfen und neue Pflanzen sammeln und trocknen.
- Wildkräuter sind mittlerweile sehr selten und stehen oft unter Naturschutz. Wenn du also sammelst, solltest du nie einen ganzen Bestand ernten. Lass immer noch ein wenig über, damit das Kraut sich fortpflanzen kann und auch andere Hexen (und Nicht-Hexen!) etwas davon haben. Grabe vor allem möglichst keine Wurzeln aus.

Wichtige Warnung!
Wildkräuter können giftig sein. Auch wenn du meinst, dir in der Bestimmung des Krautes sicher zu sein, ist die Verwechslungsgefahr doch sehr hoch. Verarbeite also die selbst gesammelten Wildkräuter nie, bevor du sie nicht jemandem, der sich mit der Bestimmung auskennt, gezeigt hast. Das kann eine erfahrene Hexe sein, aber auch ein Apotheker, denn die kennen sich sehr gut in Pflanzenkunde aus.

Unkraut ist nicht gleich Unkraut!

Die Tipps zum Trocknen und zur Lagerung gelten natürlich auch für deine Balkon- und Küchenkräuter. Ich persönlich baue die meisten meiner Zauberkräuter selber an. Auch Wildkräuter wachsen in jedem Garten, wenn die Hexe nicht mit chemischen Mitteln arbeitet und der Natur ihren Lauf lässt! So manches Kraut, was voreilig als Unkraut abgetan wird, ist ein Heilkraut und kann für deinen Zaubertrank verwendet werden. Du solltest also nicht allzu viel Unkraut rupfen, sondern allen Pflanzen ihre Chance lassen. So wird so manches Zauberkraut ganz von alleine seinen Weg in dein Beet oder deinen Topf auf dem Balkon finden!

So säuberst du deine Kräuter

Natürlich musst du deine Kräuter gründlich putzen und säubern, wenn du sie frisch verarbeiten willst. Zuerst einmal entfernst du die Erde und stellst sicher, dass sich an deinen Kräutern kein Ungeziefer befindet. Dann reinigst du sie unter fließendem Wasser. Du

kannst ruhig warmes Wasser verwenden, das schadet den Kräften deiner Kräuter keineswegs. Ich blanchiere meine Kräuter oft ein wenig, bevor ich sie weiterverarbeite. Das heißt, ich halte sie ganz kurz – nicht länger als eine Minute – in kochendes Wasser. Wenn du sie allerdings direkt verkochen möchtest, kannst du dir diese Vorgehensweise sparen und die Kräuter sofort in deinen Zaubertrank geben.

Mein Tipp:
Wenn du deine frischen Kräuter gesäubert hast, versuche, ihren Geruch und ihren Geschmack zu erkunden. Rieche an jedem einzelnen Kraut und versuche, seine besondere Geruchsnote zu beschreiben. Nimm dann ein Stück von seinen Blättern und probiere es. Versuche auch hier wieder, den Geschmack zu beschreiben. Dann vergleiche Geruch und Geschmack, wie du sie von demselben Kraut aus Tee oder Sud oder auch im Trockenzustand kennst. Oft kannst du hier einen großen Unterschied feststellen! Diese Erkundungsarbeit ist für dich als junge Hexe sehr wichtig, denn du willst dich ja schließlich bald gut in der Kräuterkunde auskennen.

So bewahrst du frische Kräuter richtig auf

Wenn du deine Kräuter als Bündel im Handel kaufst, schneidest du sie wie einen Blumenstrauß am unteren Stängel ein wenig an und stellst sie dann in ein Glas Wasser. Du kannst sie auch ein wenig nass machen und in einer Plastikdose oder einer Plastiktüte im Kühlschrank einige Tage aufbewahren. Beide müssen natürlich lebensmitteltauglich sein, deine Eltern haben sicher eine geeignete Dose oder Tüte in der Küche. Frisch gesammelte oder auf dem Balkon geschnittene Kräuter lassen sich so ganz einfach zwei bis drei Tage im Kühlschrank aufbewahren.

So trocknest du deine Kräuter

Eine wichtige Regel lautet: Nie bei Regen sammeln oder schneiden. Nach einigen Regentagen solltest du also ein wenig warten, bis alles wieder richtig trocken geworden ist. Die Kräuter schmecken „verwässert", wenn sie feucht verarbeitet werden und verlieren darüber hinaus auch von ihrer magischen Energie.

Kräuter, die du trocknen willst, darfst du auch vorher nicht waschen. Erde schüttelst du einfach ab, oder sie verliert sich während des Trocknens von ganz alleine. Die Kräuter bindest du dann zu lockeren Bündeln. Achte darauf, dass du sie nicht zu fest und zu eng zusammen bindest. Du suchst dir zum Trocknen einen windgeschützten Platz. Auch Durchzug solltest du vermeiden. Direkte Sonneneinstrahlung tut den Kräutern nicht gut, denn die Sonne entzieht den Pflanzen beim Trocknungsvorgang Geschmack und magische Energie. Die Küche ist ein schlechter Ort zum Trocknen, denn die Luft ist hier oft feucht vom Wasserdampf und außerdem angereichert von den verschiedensten Düften.

Mein Tipp:
*Richte dir einen Platz zum Trocknen deiner Kräuter auf deinem Altar ein. Dein Altar ist ein Ort, an dem du dich konzentrierst, meditierst und deine magischen Akte vollziehst. Er sollte nur hierzu benutzt werden. Dein Altar gehört nur dir und darf nicht von fremden Energien beherrscht werden. Er wird der zentrale Ort in deinem Leben als Hexe. Hier kannst du auch deine Werkzeuge wie geweihtes Wasser, Weihrauch, Kerzen und Salz aufbewahren. Und natürlich dein **Buch der Schatten**! Der Altar hilft dir, dich auf deine innere Kraft zu konzentrieren. Er ist somit der ideale Ort für die Aufbewahrung der Zutaten für deine Zaubertränke, denn hier werden sie optimal darauf vorbereitet, dass du ihnen später im Ritual deine magische Energie überträgst.*

Mond, enthülle dein Geheimnis,

Spende Licht, gib Kraft

Und führe alles in die Richtung,

Die den Zauber bestimmt.

– Anrufung des Mondes, keltischer Ursprung –

Das richtige Timing

Das richtige Timing ist für unsere Zaubertränke sehr wichtig. Unsere Hexenkunst steht immer in enger Verbindung mit dem Lauf der Natur. Du sammelst deine Kräuter zu bestimmten Zeitpunkten, damit sie ihre Kraft voll entfalten können. Du führst einen Energiezauber am besten am Montag bei Sonnenaufgang aus, da zu diesem Zeitpunkt der dich umgebende Energielevel am höchsten ist. So fügt sich dein Zauber und dein Ritual in den Rhythmus des Kosmos ein. Daher solltest du einige Grundregeln kennen.

Der Mondkalender

Für unsere Vorfahren war der Mond das wichtigste natürliche Messinstrument. Sie richteten ihre Zeitrechnung nach den Gestirnen und vor allem nach dem Mond. Dabei rechneten sie folgendermaßen: Ein Mondzyklus dauert 28 Tage. Der alte Mondkalender hatte daher 13 Monate à 28 Tage. Die Mondphasen repräsentierten Jahrhunderte lang den ewigen Kreislauf des Lebens: Die zunehmende Mondsichel steht für Zeugung und Geburt, sie symbolisiert das Wachstum. Der abnehmende Mond bis zum Neumond steht für das Sterben, und die drei Nächte des Neumondes sind das Sinnbild für den Tod. Die erneute Geburt und damit ein neuer Zyklus wird durch die schmale Sichel des Neumondes repräsentiert. Auch heute noch ist diese Symbolkraft für uns Hexen sehr wichtig, denn wir glauben, dass die besondere Energie der einzelnen Mondphasen bestimmte Zauber beeinflusst und unterstützt. Auch die Pflanzen als Zutaten unserer Zaubertränke werden ganz entscheidend von den Gestirnen und der Energie des Mondes bestimmt.

Denn Magie ist die Lehre der Naturgeheimnisse. Den größten Einfluss auf unsere magischen Handlungen hat eben der Mond. Für das Ergebnis eines Zaubertranks wie auch für alle anderen magischen Rituale ist es wichtig, dass wir uns die richtige Mondphase für den richtigen Zauber aussuchen.

ZUNEHMENDER MOND (DIE ZEIT VOM NEUMOND DURCH DAS ERSTE QUARTAL ZUM VOLLMOND):

Jetzt ist die beste Zeit für alle positiven Zauber, die Liebe, Glück und Wohlstand zum Ziel haben. Wenn du ein neues Projekt beginnen willst, gibt diese Mondphase dem jeweiligen Zaubertrank die besondere magische Energie. Wenn du endlich einen Schritt machen möchtest, vor dem du bisher Angst hattest, kannst du nun den geeigneten Zauber durchführen. Alle Mutzauber und -zaubertränke sind in dieser Mondphase sehr wirksam!

HALBMOND IM ZUNEHMENDEN MOND:

Die optimale Zeit, um Probleme aus dem Weg zu schaffen und verfahrene Angelegenheiten zu bereinigen. Wenn du es nicht schaffst, dich aus einer unbefriedigenden Beziehung zu befreien, der richtige Zauber in dieser Mondphase wird dir helfen. Diese Phase ist auch eine geeignete Zeit, um kreative Lösungen zu finden. Also, denk doch einfach mal anders herum!

ZUNEHMENDER MOND KURZ VOR VOLLMOND:

Sonne und Mond ergänzen sich jetzt optimal, die Natur ist im Gleichgewicht. Wenn du Probleme hast, dich durchzusetzen oder deine Meinung zu einer bestimmten Sache deutlich zu machen, dann kannst du in dieser Phase einen Zauber durchführen, und er wird besonders wirksam sein.

VOLLMOND:

Jetzt sind die Kräfte des Mondes besonders gut zu spüren. Der volle Mond erhöht die übersinnliche Wahrnehmung. Viele Leute schlafwandeln bei Vollmond, das wirst du vielleicht schon gehört haben. Alle Zaubertränke, die mit deinen wahren Gefühlen zu tun haben, können nun besonders wirksam sein. Alles erscheint jetzt in einem klareren Licht. Wenn du dich also nicht zwischen zwei Jungen entscheiden kannst oder wenn du dir nicht sicher bist, ob du noch in deinen Freund verliebt bist, ist der Vollmond die Zeit für einen klärenden Zauber.

ABNEHMENDER MOND (DIE ZEIT VOM VOLLMOND DURCH DAS LETZTE QUARTAL ZUM NEUMOND):

Die ideale Zeit, um Negativität abzuwehren, schlechte Beziehungen zu beenden, schlechte Gewohnheiten abzulegen und auch kleinere Krankheiten, wie eine Erkältung, zu überwinden. Diese Mondphase hilft dir auch, offener gegenüber den Gefühlen anderer zu sein. Wenn du also Schwierigkeiten hast, eine Freundin oder ein Familienmitglied zu verstehen, nutze diese Phase, dich mit dem Problem dieser Person noch einmal intensiver auseinander zu setzen.

HALBMOND IM ABNEHMENDEN MOND:

Achtung: Krisenzeiten! Du bist überempfindlich und neigst dazu, auf harmlose Bemerkungen deiner Umgebung überzureagieren. Auf der anderen Seite hast du aber auch in dieser Zeit einen besonderen Kontakt zu deinen innersten Gefühlen. Nutze die Zeit und konzentriere dich auf dich selber.

ABNEHMENDER MOND KURZ VOR NEUMOND:

Auch diese Mondphase stärkt deine Intuition. Allerdings in positiver Art, denn nun ist die Zeit für Aussöhnungen, das Beenden von Konflikten und das Finden eines Kompromisses für Probleme, die schon lange schwelen.

NEUMOND:

Hast du schon einmal darauf geachtet? In dieser Phase siehst du fast zwei Tage lang keinen Mond am Himmel! Dies ist der Neubeginn des gesamten Zyklus'. Das bedeutet, dass nun die Zeit gekommen ist, nach vorne zu schauen. Zaubertränke, die deine Entschlusskraft, deine Willenskraft und dein Selbstbewusstsein unterstützen, werden in dieser Zeit besonders wirksam und reich an magischer Energie.

Kräuter anbauen im Rhythmus des Mondes

Deine Kräuter werden besonders viel Energie entfalten, wenn du sie im Einklang mit dem Rhythmus der Natur pflanzt, pflegst und groß-ziehst. Die Mondphasen und das Sternzeichen, in dem der Mond bei der Pflanzung steht, solltest du beachten!

Außer den Kräutern, die ich gleich auflisten werde, sollten alle Kräu-ter ausgesät werden, wenn der Neu- oder Halbmond im Zeichen des Krebses, Fisches oder Skorpions steht.

Außer:
- **Baldrian:** Neu- oder Halbmond im Zeichen der Jungfrau oder Zwillinge
- **Knoblauch:** Neu- oder Halbmond im Zeichen des Skorpions oder Schützen
- **Petersilie:** Neumond im Zeichen der Fische, des Krebses und der Waage
- **Salbei:** Vollmond im Zeichen der Fische, des Skorpions oder Krebses

Bitte nie Aussäen und Anpflanzen am ersten Tag des Neumondes oder an dem Tag, an dem dieser zu einem Halbmond anwächst. Achte immer genau auf deinen Mondkalender, den du dir als Hexe zulegen solltest.

Düngen und Umpflanzen solltest du bei abnehmendem Mond im Zeichen des Widders, des Löwen oder des Schützen.

Ernten solltest du bei abnehmendem Mond im Sternzeichen Was-sermann, Widder, Zwillinge und Löwe vor allem Gartengemüse, bei denen nicht die Blätter am wichtigsten sind, wie z. B. Kartoffeln, Zwiebeln und Möhren. Auch alles, was du trocknen möchtest, wird bei abnehmendem Mond geerntet.

Achtung: Tage, die im Zeichen des Krebses oder der Jungfrau stehen, sind ungeeignet für das Ernten von Kräutern und Früchten, die ge-lagert oder getrocknet werden müssen. Sie schimmeln und verlieren ihre Kraft!

Der zunehmende Mond ist wichtig für die Ernte von Küchen- und Heilkräutern, die du frisch verbrauchen möchtest. Das gilt auch für andere Pflanzen, die du in deinem Zaubertrank frisch verwenden möchtest.

Kräuter sammeln und ernten im Rhythmus des Mondes

Für jeden Zauber benötigst du unterschiedliche Teile der Kräuter: einmal die Wurzel, einmal das Blatt, die Blüte oder sogar den Samen. Du musst also wissen, wo sich das Zentrum der Kraft eines jeden Krautes befindet. Diesen Teil der Pflanze ernten wir Hexen am besten nach dem Mondkalender. Wenn wir den richtigen Zeitpunkt zur Ernte kennen, können wir auch ein Maximum an magischer Energie in der Pflanze für unseren Zaubertrank verwenden.

Die Wurzel

Das Frühjahr eignet sich sehr gut für die Ernte der Wurzeln eines Krautes, da die Pflanze ihre Kraft noch nicht für das Wachstum der Sprossen und Blüten verbraucht hat. Auch der Herbst ist ideal, denn dann ist die Energie des Sommers wieder in die Wurzel zurückgeflossen. Warte am besten Vollmond oder den abnehmenden Mond ab und grabe die Wurzel in den frühen Abendstunden aus.

Die Blätter

Die Blätter eines Krautes solltest du ernten, wenn sie noch jung sind. Aber du bist nicht an bestimmte Jahreszeiten gebunden, Blätter kannst du das ganze Jahr über sammeln. Die Witterung sollte nicht zu feucht und im Sommer sollte der Morgentau schon getrocknet sein. Achte bei der Ernte auf den zunehmenden Mond!
Deine magischen Tees kannst du also getrost das ganze Jahr über aufbrühen.

Die Blüten

Natürlich sammelst du Blüten am besten in der vollen Blütezeit der Pflanze. Die Mittagszeit ist besonders gut geeignet, denn die Blüten konzentrieren ihre ganze Kraft, um sich der Sonne zuzuwenden. Sammle die Blüten an Vollmond-Tagen oder in der Zeit des zunehmenden Mondes.

Die Früchte und Samen

Ein Apfel scheint dir vielleicht zu profan zu sein, um magische Energie in sich zu tragen. Und doch ist er von Alters her ein Symbol für die gelungene Liebe und steht uns bei vielen Liebeszaubern bei. Du solltest also in jeden deiner Liebestränke ein wenig von einem Apfel mischen, den du vorher mit deiner magischen Energie aufgeladen hast.

Generell sollten Früchte und Samen bei der Ernte reif sein, denn sonst kannst du sie nicht gut trocknen, um sie lange zu lagern. Achte darauf, dass du bei trockenem Wetter und bei abnehmendem Mond erntest!

Die Lagerung

Alles, was du gesammelt hast, Wurzeln, Blätter, Blüten sowie Früchte und Samen, solltest du bei abnehmendem Mond trocknen und in Gläser füllen. Bei zunehmendem Mond ist die Gefahr groß, dass deine Schätze Schimmel ansetzen!

Dies ist mein Wille,
also geschehe es.

Denn mein Wille
leitet meine Kraft.

Er ist es, der den
Zauber schafft.

Dies ist mein Wille,
also geschehe es.

– Spruch zur Bekräftigung deiner magischen Energie –

Die Basics der Zaubertränke

So stellst du Kräuteröle her

Kräuteröle gehören zur Basisausstattung einer Hexe. Sie enthalten die Heil- und Zauberkraft der Kräuter und machen sie haltbarer. Und das Wichtigste: Öle kannst du auf viele unterschiedliche Arten und Weisen anwenden. Damit sind sie in sehr vielen verschiedenen Zaubern nutzbar. Kräuteröle kannst du unter das Essen mischen, du kannst einige Tropfen in dein (oder eines anderen) Badewasser geben. Du kannst deine Hand damit einreiben und während eines Zaubers jemanden mit dieser „magischen" Hand berühren und ihm damit deine Energie übertragen. Und du kannst Gegenstände mit Ölen einreiben und sie damit zu magischen Objekten machen. Denn erinnere dich: Ein Zaubertrank entsteht immer dann, wenn du verschiedene Elemente mischst, ihnen mit deinem Willen magische Kräfte überträgst und sie mit Energie auflädst. Ohne dich und deine Magie bleibt ein Kräuteröl ein einfaches Kräuteröl, sicher mit der Heilkraft der Natur, aber ohne eine magische Bestimmung. Die kannst nur du allein ihm geben!

Und so geht's:

Öle speichern nicht die ganze Kraft der frischen Kräuter, aber sie nehmen doch einen Großteil in sich auf. Geeignet sind kaltgepresste Oliven- oder Sonnenblumen- und Traubenkernöle und solche aus Distel, Soja oder Maiskeimen. Die Auswahl ist also groß!

Die Kräuter müssen zuerst mit magischer Energie aufgeladen werden. Wenn du Kräuter verwendest, die du selber gezogen hast und dabei so vorgegangen bist, wie ich es dir beigebracht habe, ist dies bereits geschehen. Sowohl die Kraft des Mondes als auch deine eigene Energie sind schon ausreichend von den Pflanzen aufgenommen worden.

Wenn du allerdings frische Pflanzen oder gar getrocknete im Supermarkt kaufst, musst du Folgendes tun, bevor du dein Zauberöl ansetzen kannst:

❶ Warte die nächste Vollmondnacht ab und lege deine Kräuter über Nacht in das Licht des Mondes. Vorher hältst du beide Handflächen in das Mondlicht, dem Mond entgegen, dann über die Kräuter und sagst:

Ich banne alle negativen Energien,
Auf dass nur die positiven übrig bleiben.

Dies ist mein Wille, also geschehe es.

❷ Am nächsten Morgen beträufelst du die Kräuter mit ein wenig Wasser. Vorsicht: Nimm bei getrockneten Kräutern nur einen Tropfen. Dann sagst du:

Mit dem Element Wasser wasche ich alle negative
Energie von dir,
Auf dass du rein wirst und frei,
Und magische Energie in dich aufnimmst.

Dies ist mein Wille, also geschehe es.

❸ Die frischen Kräuter musst du nun noch trocknen (siehe S. 41), die bereits getrockneten kannst du direkt weiter verarbeiten.

❹ Du nimmst eine saubere Flasche mit einem festen Verschluss. Ich empfehle einen Korkverschluss. Du gibst das Öl in die Flasche und dazu einige Blätter oder Zweige des Krautes deiner Wahl. Du solltest dabei nur absolut trockene Teile verwenden. Eine Ausnahme bilden Rosmarin, Lavendel und Thymian, die auch im frischen Zustand einen sehr geringen Wasseranteil in ihren Pflanzenzellen haben. Deshalb kannst du sie direkt nach dem Pflücken in das Öl geben. Rechne dabei folgendermaßen:

– auf einen Liter Öl nimmst du drei bis fünf Zweige oder
– auf einen Liter Öl nimmst du zwei bis vier Esslöffel getrocknete
  und zerkleinerte Kräuter

❺ Dann verschließt du die Flasche fest und luftdicht und bewahrst sie drei Wochen an einem dunklen und kühlen Ort auf. Der Kühlschrank ist hierfür gar nicht geeignet, denn zu viel Kälte mögen Öle nicht. Vielleicht eignet sich ja dein Altar als Aufbewahrungsort? Dann ist dies ein idealer Platz, denn das Öl profitiert von dem magischen Kraftfeld, das du dort aufgebaut hast.

Dieses Vorgehen kannst du bei allen Kräutern anwenden, doch einige wenige machen das Öl auf Dauer trübe, daher solltest du sie nach den drei Wochen Reifezeit wieder aus der Flasche nehmen, indem du das Öl filtrierst. Hierzu gehören:

- Ingwer
- Kamille
- Kardamom
- Muskatnuss
- Sellerie
- Zimt

Und manche Kräuter schmecken in Verbindung mit Öl ganz einfach schrecklich. Wenn du also vorhast, sie in einer Speise anzuwenden, solltest du diesen Weg vermeiden. Vorsicht bei: Patchouli, Ringelblume, Veilchen und Vergissmeinnicht. Und vor allem gilt: Vor dem Servieren probieren!

Deine eigenen Kräutertees

Eine weitere Möglichkeit, die Zauberkraft von Kräutern zu nutzen, ist der Tee. Die Heilkraft von Tee ist dir sicher schon bekannt. In einer bestimmten Dosierung wird Tee als Arzneimittel eingestuft und ist deshalb in Apotheken erhältlich. Sicher haben dir deine Eltern schon einmal einen Tee gegeben, damit es dir besser geht, sei es bei Bauchkrämpfen oder auch Erkältungen. Diese Heilkraft der Kräuter (und selbst von Obst!) kannst du, kombiniert mit deiner magischen Kraft, bei der Zubereitung eines Zaubertranks nutzen. Tee musst du übrigens nicht unbedingt nur trinken, du kannst ihn auch äußerlich anwenden, und zwar in Form von Wickeln oder Packungen!

Tee aufgießen

Der Aufguss ist die Zubereitungsart, die dir sicher am besten bekannt ist, denn so verfährst du ja auch mit allen Teesorten, die du schon fertig gemischt und abgepackt kaufen kannst. Wenn du aber eine ganz bestimmte Wirkung mit einem Zaubertrank erreichen willst, ist es oft notwendig, verschiedene Kräuter und Früchte mit ihren unterschiedlichen Wirkungen zu kombinieren. Für einen Aufguss musst du darauf achten, dass du nur die zarten Pflanzenteile nimmst, denn die sind reich an ätherischen Ölen. Das sind vor allem Blätter, Blüten und Früchte. Du nimmst eine Kanne, Karaffe oder Schale aus Porzellan oder Glas, gibst die Kräuter hinein, gießt mit kochendem Wasser auf und deckst das Ganze zu. Die Mixtur lässt du zehn Minuten stehen und gießt sie dann durch ein Sieb ab. Früchte musst du erst trocknen, bevor du sie für einen Tee verwenden kannst. Am besten kaufst du schon fertige in einem Supermarkt. Dann zerkleinerst du sie und gießt sie wie die Kräuter mit kochendem Wasser auf. Allerdings braucht das Obst ein wenig länger, um sein volles Aroma und damit seine Kraft zu entfalten. Probier einfach mal zwischendurch, ob dir dein Tee schon schmeckt!

Tee abkochen

Wenn du härtere Pflanzenteile verwenden willst, wie Wurzeln, Samen oder Rinde, dann musst du den Tee abkochen. Hierzu gibst du die Kräuterteile in einen Topf, dazu Wasser und lässt das Ganze zehn bis 15 Minuten köcheln. Dann gießt du die Flüssigkeit durch ein Sieb ab. Wenn du kleinere Mengen abkochen willst, dann denke daran, nicht zu wenig Wasser hinzuzugeben, denn sonst wird alles schnell verdampfen, und du riskierst, dass dein Zaubertrank „verkocht"!

So lädst du Teewasser mit positiver Energie auf

Neben Feuer, Erde und Luft ist das Wasser ein wichtiges Element für deine magischen Rituale. Die Elemente helfen dir zum Beispiel bei deiner Initiierung als Hexe (das Ritual kannst du im *Buch der Schatten* nachlesen). Ganz wichtig sind sie bei der Errichtung eines Schutzkreises, dem magischen Zirkel, während deiner Rituale. Die vier Elemente schützen uns Hexen vor bösen Geistern, während wir zaubern.

Wasser ist seit langer Zeit nicht nur zum Trinken und zum Waschen da, sondern wird in kultischen Handlungen verwendet. Denke nur an das Bad, das du vor einem ausführlichen Ritual als symbolische Reinigung von negativen Energien nimmst.

Und so rufst du die Unterstützung des Elements:

❶ Du füllst ein wenig Wasser in eine kleine Schale. Dann nimmst du eine zweite Schale und lässt das Wasser dreimal von der einen in die andere Schale laufen. Dabei sagst du jedes Mal:

Element Wasser,
Ich rufe deine Hilfe.
Hilf mir, meine Kräfte zu sammeln.
Hilf mir, sie zu schützen.
Gib mir deine Kraft.

2 Dann gibst du das Wasser zu deinem Teewasser.

Die Herstellung von Salben

Salben mit Heil- und Zauberkraft sind ganz einfach herzustellen. Wichtig ist dabei vor allem, dass du auf Hygiene achtest, also wirklich saubere Tiegel und Töpfchen verwendest, denn sonst können sich leicht Bakterien in dein Zaubermittel einnisten!

Für die Salben kannst du frische oder getrocknete Kräuter verwenden. Auch mit ätherischen Ölen lassen sich Salben herstellen. Hierfür erhitzt du Fettsubstanzen – Bienenwachs und Wollfett (die du in jeder Apotheke oder Drogerie kaufen kannst) – in einem Wasserbad. Dann lässt du die Masse abkühlen, bis sie lauwarm und noch nicht ganz fest geworden ist. Jetzt rührst du das Kräuteröl (z. B. Ringelblumenöl) gleichmäßig unter das Fett-Wachs-Gemisch.

> *Du benötigst:*
>
> • *5 g Bienenwachs*
> • *25 g Wollfett*
> • *3 Tr. Ringelblumenöl*

Das Öl kannst du auch nach Belieben stärker oder schwächer dosieren.

Wenn du frische Blüten verwenden möchtest, gehst du folgendermaßen vor, z. B. für eine Ringelblumensalbe:

Fünf Gramm Bienenwachs und 25 Gramm Wollfett in einem Topf im Wasserbad schmelzen. Einige Ringelblumenblüten dazu geben, gut rühren und fest werden lassen.
Am nächsten Tag noch einmal erhitzen und durch ein Tuch drücken, damit du die Blüten wieder von der Salbe trennst.
Für den guten Geruch kannst du der Salbe einen Tropfen ätherisches Rosenöl zugeben.

> *Übrigens: Diese Salbe wirkt entzündungshemmend, das heißt, du kannst sie sehr gut gegen Pickel oder andere Hautentzündungen anwenden. Ich persönlich kann sie sehr empfehlen!*

So machst du Kräuterparfums

Ich verwende in meinen Zauberritualen sehr gerne Kräuterparfums, da sie besonders wirksam sind – und sich dazu noch sehr diskret und einfach einsetzen lassen!

Ätherische Öle hast du ja sicher schon in deinen Zaubern verwendet. Auch das sind Kräuterparfums. Eines der ältesten und bekanntesten Parfums ist das Rosenwasser. In einem Buch las ich kürzlich eine sehr schöne Geschichte, die die Entdeckung des Rosenwassers erklärt: Eine persische Prinzessin soll mit ihrem Bräutigam über einen See gerudert sein, der über und über mit Rosenblättern bedeckt war. Die Sonne brannte heiß, und die Prinzessin ließ ihre Hand durch das Wasser gleiten, um sich abzukühlen. Dabei bemerkte sie, dass ihre Finger mit einem nach Rosen duftenden Öl bedeckt waren. Und so kam das Rosenwasser in die persische Kosmetik und anschließend in die weiße Hexenkunst.

Seit dem Mittelalter stellt man Kräuterparfums mit Alkohol her. Dies ist auch die Herstellungsmethode, die ich dir empfehlen würde, denn sie ist sehr einfach und praktisch. Allerdings solltest du im Umgang mit reinem Alkohol (90%) immer vorsichtig sein. Parfum, das mit reinem Alkohol hergestellt wird, kannst du mit destilliertem Wasser verdünnen. In der Drogerie findest du alles, was du brauchst. Dann mischst du Kräuter, Blütenwasser oder ätherische Öle. Achte dabei vor allem auf das richtige Verhältnis der Zutaten, z. B. 25 ml destilliertes Wasser, 12 ml Alkohol und anschließend einige Tropfen der ätherischen Öle, die du in deinen Zaubertrank mischen möchtest. Versuche einfach ein paar Mixturen und experimentiere so lange, bis dir die Duftnote gefällt.

Hier das Rezept für ein Liebesöl:

Du benötigst:

- *25 ml destilliertes Wasser*
- *12 ml reinen Alkohol*
- *7 Tr. Rosenöl*

Destilliertes Wasser mit Alkohol mischen und das Rosenöl zutropfen. Fertig! Anschließend gibst du das Parfum in eine luftdicht verschließbare Flasche und bewahrst diese im Dunkeln auf. Es ist wichtig, dass der Abstand zwischen Stöpsel und Flüssigkeitsoberfläche sehr gering ist, denn Luft schadet! Achte deshalb unbedingt darauf, dass dein Gefäß absolut luftdicht ist.

> *Mein Tipp:*
> *Wenn du das Parfum gebrauchst und der Abstand zwischen Flüssigkeitsoberfläche und Verschluss größer wird, dann gib einfach ein paar Glaskugeln (aus dem Eseterikladen) in die Flasche. So steht das Parfum immer gleich hoch, und die Luft kann ihm nichts anhaben.*

Und hier kommt mein Rezept für meinen persönlichen Zaubertrank für mehr Selbstbewusstsein:

Zaubertrank für mehr Selbstbewusstsein

Du benötigst:

- *Zwei Teelöffel getrocknete Minze*
- *4 Tr. Orangenöl*
- *2 Tr. Lavendelöl*
- *20 ml Alkohol*
- *Ein Gefäß aus Glas (z. B. Einmachglas)*
- *Einen Teefilter*
- *Einen Löffel*
- *Eine kleine Flasche mit Stöpsel oder Korken*

❶ Du reihst alle Zutaten vor dir auf und ziehst einen magischen Kreis. Dann mischst du alles zusammen in das Glasgefäß, verschließt die Flasche und löst den magischen Kreis auf. Danach lässt du den Trank zwei Wochen auf deinem Altar stehen. Bevor du das Gefäß aber verschließt, gehst du den magischen Kreis dreimal im Uhrzeigersinn ab und sagst dabei:

Zeit bringt Kraft,
Und Kraft bringt Zeit.

Auf dass ich entdecke, was in mir steckt,
Und es nach außen trage.

Zeit bringt Kraft,
Und Kraft bringt Zeit.

❷ Nach zwei Wochen seihst du das Ganze durch den Teefilter, das heißt, du kippst alles aus dem Glas in den Filter und drückst die Flüssigkeit mit einem Löffel fest durch.

❸ Anschließend füllst du das Kräuterparfum in die Flasche, verschließt diese luftdicht und lässt sie noch einmal zwei Wochen ruhen (am besten im Dunkeln und in der Nähe deines Altars).

❹ Jetzt ist das Kräuterparfum einsatzbereit. Wenn du den Duft magst, setzt du es wie ein Parfum ein. Wenn nicht, tropfst du es auf einen Glücksstein (z. B. einen Hämatit) und trägst ihn immer bei dir, um ihn bei Bedarf mit der linken Hand zu umschließen, der Hand des Herzens.

Mein Tipp:
Du kannst der Blüten- und Kräutermischung deine Lieblingsblume oder dein Lieblingskraut beifügen, damit es den Duft bekommt, bei dem du dich wohl fühlst. Denn das ist bei dem Selbstvertrauen-Zauber besonders wichtig. Ich persönlich schöpfe bei dem Duft von Orangen immer neuen Mut und fühle mich ganz besonders wohl in meiner Haut.

*Ich rufe die Kräfte
der Natur,
Ich rufe die Hilfe
der Elemente.*

*Ihr sollt mir die magische
Energie übertragen
Und mich durch
diesen Zauber führen.*

*Auf dass er
niemandem schade,
Denn alles, was ausgeht,
kehrt dreifach zurück.*

So sei es.

– Anrufung zu Beginn eines jeden Zaubers –

Meine besten Zaubertränke

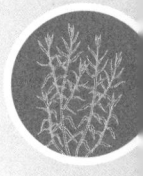

E ine gute Hexe weiß, dass die besten Zutaten im eigenen Garten oder in der heimischen Küche zu finden sind. Viele Pflanzen und Kräuter, die du bis dahin zu kennen glaubtest, werden dir ihre magische und heilende Kraft enthüllen, wenn du dich erst einmal mit der Hexenkunst zu beschäftigen beginnst.

Zaubertrank gegen Pickel

PICKEL KÖNNEN EINEM DAS LEBEN GANZ SCHÖN VERMIESEN! DU SPÜRST, WIE ES KRIBBELT UND EIN PICKEL ANFÄNGT ZU WACHSEN, UND SCHON SIEHST DU NICHTS ALS DIE KLEINE ROTE STELLE IM GESICHT, WENN DU IN DEN SPIEGEL SCHAUST. UND DIE BETONUNG LIEGT AUF „KLEIN", DENN OFT IST ER FÜR DICH VON GRÖßERER BEDEUTUNG ALS FÜR DEINE UMWELT! ALSO LAUTET DAS OBERSTE GEBOT ERST EINMAL: LOCKER BLEIBEN. ICH VERRATE DIR EINES MEINER ZAUBERMITTEL, DAS ICH SELBER ERFOLGREICH BEI MIR UND BEI ALL MEINEN FREUNDINNEN ANGEWENDET HABE.

Du benötigst:

- *25 g Stiefmütterchenkraut*
- *25 g Löwenzahnwurzel (beides in Apotheken erhältlich)*
- *20 g Walnussblätter*
- *20 g Brennnesselblätter*

❶ Du mischst alle Zutaten gut miteinander.

❷ Zur Verstärkung der Heilwirkung nimmst du dazu einen Löffel, den du vorher in der linken Hand fest umschlossen gehalten hast. Währenddessen hast du die Augen geschlossen, dich auf deine Hand konzentriert und deine Energie in die linke Handfläche fokussiert. Atme ruhig und gleichmäßig. Spüre das Metall in deiner Hand. Du sagst:

Kraft, um den Körper zu reinigen.
Kraft, um den Geist zu reinigen.
Kraft, um das Herz zu reinigen.

❸ Wenn du dann alles mit dem Löffel in einem Topf gemischt hast, überbrühst du die Mixtur mit $1/4$ Liter Wasser. Denke dabei daran, dass Wasser eines der vier mächtigen Elemente ist, die uns Hexen bei allen magischen Akten unterstützen.

❹ Dann lässt du alles fünf Minuten ziehen. Den Tee trinkst du dreimal täglich, ungesüßt, nach den Mahlzeiten, eine Woche lang.

Meine Hexengeheimnisse:
Stiefmütterchen und Walnussblätter wirken entzündungshemmend, der Löwenzahn regt den gesamten Zellstoffwechsel an, und die Brennnessel ist ein äußerst wirksames Reinigungsmittel.

Mein Tipp:
Wenn es sich wirklich um einen kleinen, vereinzelten Pickel handelt, empfehle ich die Anwendung meines zweiten Zaubermittelchens, dem Schafgarbentee. Den brühst du ganz einfach nach Anleitung auf, lässt ihn zehn Minuten ziehen und betupfst dann die entsprechende Stelle mit dem lauwarmen Tee. Du wirst sehen, ein einfacher und wirksamer Trick, der glatt als Zaubertrank durchgehen kann!

Zaubertrank für schöne Haut

WENN JEMAND SCHÖNE HAUT HAT, DANN LIEGT DAS MEISTENS AN DER RICHTIGEN PFLEGE UND GUTER ERNÄHRUNG. DAS HEISST: WENIG FAST-FOOD, VIEL OBST UND GEMÜSE! DAS IST KEINE HEXEREI. UND MANCHMAL LIEGT ES EINFACH AM ALTER, DENN JEDE NOCH SO SCHÖNE SAMTHAUT HAT IN IHRER JUGEND PICKEL UND UNREINHEITEN GESEHEN. ABER MIT EIN WENIG HEXENKRÄUTERWISSEN KANNST DU EINIGES TUN, DAMIT DEINE HAUT BALD WIEDER SAMTIG UND ROSIG WIRD.

Du benötigst:

- *Fünf Löwenzahnblätter*
- *Fünf Brennnesselblätter (Vorsicht beim Pflücken! Handschuhe verwenden!)*
- *Drei schwarze Johannisbeerblätter*
- *Zwei Löffel Kleie*
- *Einen Nylonstrumpf (sauber...)*

Achtung: Die Kräuter für diesen Zauber sollten bei abnehmendem Mond geschnitten werden!

1 Du reinigst und wäschst die Kräuter und lässt sie dann auf deinem Altar trocknen.

2 Du ziehst einen magischen Kreis um dich und deine Zutaten. Setze dich in den Schneider- oder Lotussitz und atme tief und ruhig. Versuche, durch die Nase zu atmen und den Fluss der Luft so gut wie möglich zu kontrollieren, bis du auf vier einatmest und auch auf vier wieder ausatmest.

3 Halte beide Handflächen über die Kräuter und sage:

> *Gebt Reinheit und Schönheit,*
> *Entfaltet eure Kraft.*
> *Element Wasser, nimm die Reinheit auf,*
> *Element Wasser, nimm die Schönheit auf*
> *Und übertrage sie auf mich.*
>
> *Dies ist mein Wille, also geschehe es.*

4 Dann legst du die Kräuter und die Kleie in den Nylonstrumpf und bindest ihn oben zu. Du löst den magischen Kreis und gehst mit dem Kräutersäckchen in dein Badezimmer.

5 Dort lässt du Badewasser einlaufen und bindest dabei das Säckchen unter den Hahn, so dass das Wasser darüber laufen kann.

6 Wenn du dann dein Schönheitsbad nimmst, bindest du das Kräutersäckchen los und reibst dir den Körper damit ab – auch das Gesicht! Drücke dabei den Kräutersaft wie aus einem Schwamm heraus.

> **Mein Tipp:**
> Du kannst das Säckchen nach dem ersten Gebrauch einfach trocknen und noch zwei- oder dreimal verwenden. Die Kräuter verlieren zwar an Aroma, aber nicht sofort ihre magische Kraft.

Talisman für einen Schutzzauber

FÜR UNS HEXEN IST DER BEIFUß EIN SEHR WIRKSAMES KRAUT FÜR EINEN SCHUTZZAUBER. DU KANNST IHN GANZ LEICHT ZU HAUSE AUF DEM BALKON ODER IM GARTEN ZIEHEN. UNMITTELBAR VOR DER BLÜTE SAMMELST DU DIE BLÄTTER UND DIE STÄNGELSPITZEN UND TROCKNEST SIE. DIE WURZELN GRÄBST DU DANN IM HERBST AUS UND TROCKNEST SIE EBENFALLS – ABER IM GANZEN.

Du benötigst:

- *Drei weiße Kerzen*
- *Einen Hämatit*
- *Blätter, Stängelspitzen und Wurzeln vom Beifuß*
- *Ein kleines, weißes Stoffsäckchen (ganz einfach selber zu nähen!)*

Meine Hexengeheimnisse:
Der Hämatit ist ein machtvoller Schutzstein. Das kannst du schon daran erkennen, dass wir ihn zum „Entladen" aller anderen Steine, wie z. B. Tigerauge oder Rosenquarz, verwenden, damit diese wieder zu ihrer ursprünglichen positiven Energie zurückfinden, nachdem sie sich im Laufe eines Zaubers mit negativen Kräften aufgeladen haben. Hierzu lässt du den Hämatit über Nacht bei den Steinen liegen, und schon kommt der Reinigungsprozess in Gang. Darüber hinaus symbolisiert ein Stein für uns das Element Erde, das bei einem Schutzzauber besonders wichtig ist.

Die weißen Kerzen, in der magischen Zahl drei, helfen, negative Energien abzuwehren, und repräsentieren die Kraft des Feuers, ein weiteres Element.

❶ Du ziehst den magischen Zirkel um dich und deine Hexenzutaten. Dann entzündest du die drei Kerzen und stellst sie in einem Dreieck auf, eine an die Spitze vor dich, zwei an die beiden Basisecken. In die Mitte legst du alle weiteren Zutaten.

❷ Anschließend setzt du dich im Schneider- oder Lotussitz vor das Dreieck, schließt die Augen und konzentrierst dich. Atme ruhig und gleichmäßig. Achte darauf, dass dein Atem immer ruhiger wird, bis du auf drei einatmest und auf drei ausatmest. Denke dabei an das, was dich bedrückt, wovor du Angst hast. Rufe dir noch einmal vor Augen, warum du diesen Schutzzauber anwendest. Stell dir dann genau vor, wie alles sein müsste, damit du diesen Schutzzauber nicht benötigst. Was müsstest du tun? Wie müsstest du handeln? Wenn du dir dieses „Was wäre wenn" genau ausgemalt hast, nimm dir fest vor, einiges davon tatsächlich in die Tat umzusetzen.

❸ Du nimmst den Hämatit in die rechte Hand und zeichnest mit dieser dreimal das Pentagramm der Erde in die Luft über die Zutaten deines Zaubers, und zwar das anrufende, denn du rufst die Unterstützung des Elementes und seine magischen Kräfte zu dir in den Kreis.

❹ Dabei sagst du jedes Mal:

Schutz sollst du geben,
Dreifach wirksam sei deine Kraft.
Begleite (mich oder der Name der Person, für die
du den Schutzzauber ausführst),
Wohin ich auch gehe.

Gebannt sei alles, was Schaden bringt.
Gebannt sei alles, was Unglück bringt.

Ich rufe alles, was mir Kraft gibt.

Schutz sollst du geben,
Dreifach wirksam sei deine Kraft.

Dies ist mein Wille, also geschehe es.

5 Jetzt legst du den Stein in die getrockneten Beifuß-Teile und setzt dich noch einmal ruhig vor das Dreieck aus den Kerzen. Atme wieder ruhig und gleichmäßig und lass die Zeit einfach verstreichen.

6 Dann nimmst du den Stein und das getrocknete Kraut und gibst beides in das Stoffsäckchen, das du dann zubindest oder -nähst. Du löschst die Kerzen. Das Säckchen solltest du sieben Tage am Stück bei dir tragen (auch nachts! Am besten unter dem Kopfkissen). Anschließend kannst du es in deinem Altar aufbewahren und bei Bedarf wieder hervorholen. Ich rate dir, den Zauberspruch regelmäßig zu wiederholen, damit sich die Schutzenergien neu bündeln können.

> *Mein Tipp:*
> *Ganz besonders wirksam ist die Zaubermixtur, wenn du nach den sieben Tagen einen Tee aus den Teilen des Beifußes braust und ihn abends vor dem Einschlafen trinkst. Am besten vor einem sehr schwierigen Ereignis, vor dem du ein bisschen Angst hast!*

Aus Beifuß kannst du auch ganz einfach einen Trank für einen Schutzzauber machen:

Aus der Mischung von Blättern, Stängelspitzen und Wurzeln machen wir einen schwachen Aufguss, den du in schwierigen Zeiten regelmäßig trinken kannst – oder einem anderen zum Schutz als Getränk anbieten kannst. Achte dabei darauf, dass der Tee tatsächlich schwach ist und nicht zu lange (max. zehn Minuten) zieht, denn manch einer reagiert sehr stark auf Beifuß in höherer Dosierung!

Zauberbad gegen Traurigkeit

MANCHMAL FÜHLEN WIR UNS TRAURIG, OHNE EINEN BE-
STIMMTEN GRUND. ALLES SIEHT GRAU AUS, UND UNS MACHT
NICHTS WIRKLICH SPAß. DAS IST GANZ NORMAL, KEINER KANN
EWIG HAPPY SEIN! AUCH HIER KANN DIE HEXENKUNST HELFEN.
IN DIESEM FALLE EMPFEHLE ICH EIN BAD, DAS DEINE GANZE
ENERGIE BÜNDELT UND DIR HILFT, AUS DEM TIEF HERAUSZU-
KOMMEN.

Du benötigst:

- *Rosmarinöl*
- *Pfefferminzöl*
- *Lavendelöl*
- *Getrockneten Thymian*

1 Du lässt dein Badewasser einlaufen. Führe dabei das entsprechende Energieritual durch (siehe S. 24).

2 Dann gibst du zwei Tropfen Rosmarinöl, zwei Tropfen Pfefferminzöl und einen Tropfen Lavendelöl hinein. Die Thymianblätter
streust du einfach auf das Badewasser und lässt dich dann hinein-
gleiten.

3 Während du dich entspannst, sagst du dreimal:

Traurigkeit, ich lass dich ziehen.
Müdigkeit, lass mich frei.
Ich fühle meine Energie.
Ich grüße das Leben.

So sei es.

4 Wenn du aus der Wanne steigst und dich abtrocknest, wirst du
merken, wie deine Laune sich verbessert hat.

Zaubertinktur, die müde Mädels munter macht

KENNST DU DAS AUCH: DU WACHST MORGENS AUF UND BE-
KOMMST EINFACH KEINEN KLAREN KOPF? KOMMST NICHT IN
DIE GÄNGE? VIELLEICHT WEIL DU DIE HALBE NACHT ÜBER
DEINEM LIEBESKUMMER GEGRÜBELT ODER DIR SORGEN WE-
GEN DER NÄCHSTEN PRÜFUNG GEMACHT HAST? KEINE SORGE,
DAS KENNEN WIR ALLE. FÜR DEN BEVORSTEHENDEN TAG
MUSST DU NUN DEINE GANZE ENERGIE KONZENTRIEREN. DAS
KLAPPT – UND ZWAR MITHILFE DER KRAFT DER PFEFFERMINZE
UND EINES KLEINEN ZAUBERSPRUCHS. PFEFFERMINZE ZIEHT
DIE POSITIVE ENERGIE DER SONNE AN UND BEFREIT GEIST
UND KÖRPER VON NEGATIVEN GEFÜHLEN.

Du benötigst:

- *Pfefferminzöl*
- *Drei weiße Kiesel*

❶ Gleich nachdem du aus dem Bett gestiegen bist, öffnest du das Fenster – auch wenn es draußen kalt ist! Der Zauber dauert nicht lange, und die frische Luft ist wichtig für die Wirksamkeit des Zaubers.

❷ Du ziehst den magischen Kreis um dich und deine Zutaten. Du stellst dich aufrecht hin und streckst beide Arme schräg nach oben. Atme dreimal tief ein und aus. Versuche dabei, immer durch die Nase – nicht durch den Mund – zu atmen und den Bauch einzuzie-hen. So kann dein Atem nur in die Lunge fließen, das Zentrum für die Luftenergie.

❸ Dann nimmst du das Öl in die linke Hand, einen Kiesel in die rechte. Du streckst beides wieder nach oben und sagst:

Energie der Sonne, gib mir Kraft,
Stärke mich und mein Inneres.
Strahle durch mich durch den ganzen Tag.

Dies ist mein Wille, also geschehe es.

4 Das tust du mit jedem Kiesel, sagst den Spruch also insgesamt dreimal.

5 Dann nimmst du einen Tropfen des Pfefferminzöles für die rechte Schläfe und einen für die linke und massierst es in kreisenden Bewegungen in die Haut ein. Schau dabei nach draußen ins Licht. Dann reibst du drei Tropfen in deine Handflächen und nimmst alle drei Kiesel in beide Hände.

6 Du löst den magischen Kreis auf und trägst die Kiesel den ganzen Tag bei dir. Bei Bedarf, das heißt, wenn Trägheit und Schlappheit wieder kommen, nimmst du sie in die Hand und sagst den Spruch, leise oder laut. So fokussierst du die angerufene Energie des Lichtes immer wieder neu!

Mein Tipp:
Dieser Zauber muss unbedingt bei Tageslicht durchgeführt werden. Im Winter, wenn es morgens noch dunkel ist, solltest du bis zur Helligkeit warten. Das Ritual kannst du auch abends durchführen und dann am Tage darauf die Kiesel in der Hand bewegen und den Spruch, leise oder laut, sagen. Dadurch wird die Energie neu aktiviert.

Zaubertrank, um sich Mut „anzutrinken"

WIE OFT HÖRST DU DEN GUT GEMEINTEN RAT: DU MUSST DEN ERSTEN SCHRITT TUN! WAS HAST DU ZU VERLIEREN? WIE OFT SAGT MAN DIR: STÜRZ DICH EINFACH INS ABENTEUER! WER NICHT WAGT, DER NICHT GEWINNT!
AUCH ICH GEBE DIESEN RAT OFT UND GERNE. UND ER IST SICHER AUCH OFT BERECHTIGT. ABER ICH WEIß AUCH, DASS DAS EINFACHER GESAGT ALS GETAN IST. OFTMALS WEIßT DU, WAS DAS RICHTIGE ZU TUN IST UND KANNST DICH DOCH NICHT DAZU DURCHRINGEN. DENN WAS FEHLT UNS IN DIESEN KNIFFLIGEN SITUATIONEN? DAS KLEINE QUÄNTCHEN MUT!
EINER HEXE KANN DA IHR KRÄUTERWISSEN HELFEN!

Du benötigst:

- *Ein kleines Fläschchen mit Stöpsel oder Korken*
- *Einen schwarzen Stift*
- *Fünf Blatt Papier*
- *Drei Tropfen Bergamotteöl*
- *Zwei Tropfen Orangenöl*
- *Drei Tropfen Rosmarinöl*
- *Zwei Tropfen Zitronenöl*
- *Einen Tropfen Lavendelöl*
- *30 ml Alkohol*

Die ätherischen Öle erhältst du in Drogerien, den reinen Alkohol kaufst du am besten in der Apotheke.

1 Du ziehst den magischen Kreis um dich und deine Zutaten. Dann setzt du dich im Schneidersitz (oder im Lotussitz, wenn du gelenkig bist) in die Mitte des Kreises und schließt die Augen. Atme tief und ruhig. Versuche, so gleichmäßig wie möglich zu atmen. Das erreichst du, indem du zählst, wie lange du brauchst, um einzuatmen und dann auf die gleiche Zahl ausatmest. Dann steigere die Zahl auf vier, vielleicht sogar auf fünf. Wenn du zu einem gleichmäßigen Atem gefunden hast, öffne die Augen.

2 Du stellst die Flasche in die Mitte des Kreises und schreibst auf das erste Blatt Papier ERDE, auf das zweite FEUER, auf das dritte WASSER und auf das vierte LUFT. Diese vier Blätter platzierst du kreuzförmig um die Flasche herum und zwar in dieser Anordnung: LUFT oben, WASSER rechts, FEUER links und ERDE unten.

3 Auf dem fünften Blatt beschreibst du die Situation, vor der du Angst hast. Es ist sehr wichtig, dass du dabei so präzise wie möglich bist. Kein Zauber kann wirken, wenn du vage bleibst und dir selbst nicht darüber im Klaren bist, was du willst! Also lass dir Zeit bei der Formulierung.

4 Dieses fünfte Blatt legst du unter die Flasche. Dann hältst du die Arme ausgestreckt über die verschiedenen Öle, mit den Handflächen nach unten. Schließ noch einmal die Augen und atme ruhig und gleichmäßig. Anschließend wandern deine Hände – immer noch mit den Handflächen nach unten – nach links, zum Feuer. Dann sagst du:

> *Element Feuer, fülle mich mit deiner Kraft.*
> *Element Feuer, fülle mich mit deiner magischen Energie.*
> *Feuer, gib mir den Mut, den ersten Schritt zu tun.*

5 Dann gehst du im Uhrzeigersinn nach oben zum Element Luft und sagst:

> *Element Luft, fülle mich mit deiner Kraft.*
> *Element Luft, fülle mich mit deiner magischen Energie.*
> *Luft, gib mir die Fähigkeit, nach vorne zu sehen.*

6 Wenn du dann beim Papier mit dem Element Wasser angekommen bist, schließt du noch einmal die Augen und sagst:

Element Wasser, fülle mich mit deiner Kraft.
Element Wasser, fülle mich mit deiner magischen
Energie.
Wasser, gib mir die Dynamik,
Hindernisse zu überwinden.

❼ Zu guter Letzt hältst du die Handflächen über das Symbol für das Element Erde und sagst:

Element Erde, fülle mich mit deiner Kraft.
Element Erde, fülle mich mit deiner magischen
Energie.
Erde, gib mir das Vertrauen, das in mir steckt.

❽ Als Nächstes vermischst du die Aromaöle in der Flasche und schüttelst alles gut durch. Dann gibst du den Alkohol dazu. Du verschließt die Flasche luftdicht (sehr wichtig!). Du nimmst die Flasche in deine linke Hand und liest dir noch einmal durch, wie du die Situation, vor der du Angst hast, vor dem Zauber beschrieben hast. Dann faltest du dieses Blatt der Länge nach, legst es um die Flasche, bindest es mit einem Bändchen fest oder umklebst es mit Tesafilm.

❾ Du stellst die Flasche noch einmal in die Mitte des magischen Kreises und zerknüllst die Blätter mit den vier Elementen mit beiden Händen.

❿ Du löst den magischen Kreis auf. Die Flasche mit deinem Mut-Zaubertrank bewahrst du an einem dunklen Platz auf – am besten in der Nähe deines Altars. Die zerknüllten Papierbälle wirfst du nicht weg, sondern legst sie in die Nähe der Parfumflasche.

Und so wendest du den Zaubertrank an: Du tränkst ein weißes Tuch (reinweiß – ohne Stickerei oder bunten Druck!) mit dem Parfum und trägst dieses Tuch den ganzen Tag bei dir. In einer schwierigen Situation riechst du ganz einfach einmal daran – die magische Energie der Blüten und Kräuter und der vier Elemente wird dir den nötigen Mut zur richtigen Entscheidung geben. Habe einfach Vertrauen in dich!

Schneller Zaubertrick gegen Nervosität

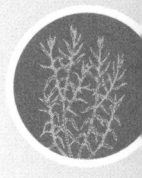

SALBEI IST EIN WICHTIGES HEXENKRAUT, DENN ES UNTER-
STÜTZT UND FÖRDERT LANGES LEBEN, WEISHEIT, GESUNDHEIT
UND SCHÖNHEIT – ALSO ALLES, WAS WIR UNS NUR WÜNSCHEN
KÖNNEN. DESHALB RATE ICH DIR, BEI VIELEN ZAUBERN FRISCHE
SALBEIBLÄTTER IN DEN MAGISCHEN ZIRKEL ZU LEGEN ODER
VORHER EINEN SALBEITEE ZU TRINKEN.

Und hier kommt der Trick:

Du benötigst ganz einfach ein frisches Salbeiblatt. Dieses zerreibst
du zwischen den Fingern und atmest den Duft ein. Dabei wiederholst du in Gedanken immer wieder einen Satz, mit dem du positive Gedanken verbindest. Das kann inhaltlich alles sein, da gibt es
keine Regeln. Ich persönlich sage mir immer:

Ich liebe das Licht der Sonne auf taunasser Wiese.

Diesen Satz wiederholst du fünf Minuten lang! Diese kurze Zeit-
spanne kann dir sehr lang erscheinen. Du musst aber durchhalten,
denn erst dann wirst du merken, wie du innerlich wieder ruhiger
wirst.

> *Mein Tipp:*
> *Salbeitee solltest du nur in kleinen Mengen und in größeren Abständen
> trinken, da dieses Kraut in hoher Dosierung toxisch ist. Und Epilepti-
> ker sollten Salbei lieber ganz meiden.*

Zaubermixtur für schwere Prüfungen

PRÜFUNGEN SIEHT NIEMAND GELASSEN ENTGEGEN. DIE MEISTEN SIND NERVÖS ODER HABEN GAR ANGST. ABER UNS HEXEN STEHEN IMMERHIN MITTEL UND WEGE ZUR VERFÜGUNG, UNSERE MAGISCHE ENERGIE ZU BÜNDELN UND MIT SELBSTVERTRAUEN AN DIE SACHE HERANZUGEHEN. VON EINER GUTEN VORBEREITUNG BEFREIT UNS DAS LEIDER NICHT. EINEN ZAUBER, DER DAS LERNEN ÜBERFLÜSSIG MACHEN WÜRDE, HAT NOCH KEINER GEFUNDEN!

Du benötigst:

- *Baldriantee*
- *Ein weißes Stofftaschentuch*
- *Zwei Esslöffel getrocknete Thymianblätter*
- *Eine Nadel und weißes Nähgarn*

❶ Du bereitest den Baldriantee zu (siehe S. 55) und schüttest ihn in eine große Tasse. Dann trägst du diese zu deinem Altar, wo sich bereits die anderen Zutaten für den Zauber befinden.

❷ Du ziehst den magischen Schutzkreis, denn du willst ja alle dir zur Verfügung stehende positive Energie in diesem Kreis konzentrieren.

❸ Du zeichnest ein bannendes Wasser-Pentagramm mit dem Finger auf den Boden.

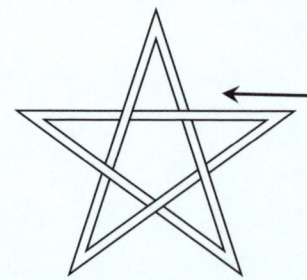

Dabei sagst du:

Element Wasser,
Befreie mein Innerstes,
Spüle meine Angst hinweg,
Gib mir Gelassenheit.

So sei es.

4 Dann tauchst du das Taschentuch in den Tee, nimmst es wieder heraus, wringst es aus und legst es ausgebreitet auf die Stelle, auf die du vorher das Pentagramm gezeichnet hast.

5 Du nimmst die Thymianblätter in deine rechte Hand und schließt sie. Dabei sagst du:

Du bist Teil der Erde,
Wie ich Teil der Erde bin.
Gib deine Kräfte frei.

So sei es.

6 Dann lässt du die Blätter von der rechten in die linke Hand gleiten und wiederholst den Spruch. Das machst du dreimal.

7 Anschließend legst du die Blätter auf das ausgebreitete Taschentuch und schlägst die Ecken übereinander. Du lässt alles zusammen trocknen und nähst dann das Tuch zu einem kleinen Päckchen zusammen.

Dieses Päckchen trägst du am Tag deiner Prüfung bei dir. Danach kannst du es zu deiner Kleidung in den Schrank legen, wo es noch einige Wochen seine stärkende Wirkung entfalten wird.

Mein Tipp:
Schon ein Thymianzweig in der Hosentasche schützt vor schwierigen Lagen. Einfach regelmäßig in die Hand nehmen, kurz konzentrieren, ruhig und tief atmen, und du wirst merken, wie neuer Mut dich durchströmt.

Zauberöl gegen schlechte Angewohnheiten

OFT STEHST DU DIR MIT DEINEN SCHLECHTEN ANGEWOHNHEITEN SELBST IM WEGE. DU WEIßT, DU SOLLTEST NICHT SO OFT SÜßIGKEITEN NASCHEN, UND KANNST ES DOCH NICHT LASSEN. GESUNDE, LANGE FINGERNÄGEL WÄREN VIEL HÜBSCHER, ABER DAS NÄGELKAUEN KANNST DU DIR TROTZDEM NICHT ABGEWÖHNEN. UND EIGENTLICH SOLLTEST DU AUCH LERNEN, ANSTATT AM FERNSEHER FESTZUKLEBEN. ABER WENN DU EINMAL DAVOR SITZT... DU SELBER WEIßT BESSER, WELCHE SCHLECHTE ANGEWOHNHEIT DEINE GANZ PERSÖNLICHE IST. ABER ALS HEXE WEIßT DU DIR AUCH ZU HELFEN!

Du benötigst:

- *25 ml Jojobaöl*
- *10 ml Aprikosenkernöl*
- *Drei Tropfen Wacholderbeerenöl*
- *Eine verschließbare Flasche (aus Plastik oder Glas)*
- *Einen roten Filzstift (wasserlöslich)*

Wacholder ist in diesem Zauber die entscheidende Zutat. Du findest das Öl in allen Läden, die Accessoires für Aromatherapien, also ätherische Öle, führen. Diesen Zauber solltest du am Morgen ausführen, denn der Morgen hat den höchsten Energielevel und kann dir mit allen Zaubern helfen, die mit neuen Projekten und schwierigen Entschlüssen zu tun haben.

Meine Hexengeheimnisse:
Wacholder ist für alle Stärke- und Motivationszauber unabdingbar. Er hilft dir, schwere Aufgaben zu lösen und dabei den Glauben an dich selbst nicht zu verlieren.

❶ Du ziehst den magischen Kreis und setzt dich mit gekreuzten Beinen in die Mitte. Schließe die Augen, atme tief und ruhig. Atme auf vier ein und auf vier aus.

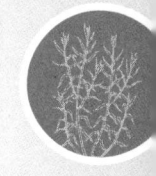

❷ Dann mischst du alle Öle in der Flasche zusammen und schüttelst die Mischung gut. Anschließend hältst du die Handflächen mit ausgestreckten Armen über die Flasche und konzentrierst dich noch einmal voll und ganz mit deinen Gedanken auf deine schlechte Angewohnheit, die du mit diesem Zauber bekämpfen möchtest.

❸ Dann nimmst du den roten Filzstift und zeichnest auf dein linkes und dann auf dein rechtes Handgelenk einen geschlossenen Halbkreis: ⌒. Dabei sagst du:

Geist, gebe mir die Kraft,
Meinen Entschluss durchzuhalten.
Geist, gebe mir die Klarsicht
Zu sehen, dass ich mir selber schade,
Wenn ich aufgebe.
Geist, hilf mir,
Der Versuchung zu widerstehen.

Dies ist mein Wille, also geschehe es.

Die Handgelenke sind Zentren unserer Energie. Von hier aus kann alles weiter in den Körper getragen werden. Deswegen nimmst du auch jetzt ein wenig von der Ölmischung und reibst es in die Haut innerhalb der Halbkreise ein.

❹ Dann löst du den magischen Kreis.

❺ In der Woche nach dem Zauber reibst du dir jeden Morgen die Handgelenke mit dem Öl ein. Du wirst sehen, dein Entschluss wird unerschütterlich sein!

Der Hexen-Energiezauber

FÜR UNS HEXEN KANN ALLES EIN BISSCHEN EINFACHER GEHEN, WENN WIR WISSEN, WIE WIR UNS DER KRÄFTE DER NATUR BEDIENEN KÖNNEN. ROHE ZWIEBEL HAT WAHRE WUNDERKRÄFTE. WENN DU ALSO ZWIEBELN GERNE MAGST, DANN RATE ICH DIR, DIESEN EINFACHEN ZAUBER EINMAL AUSZUPROBIEREN. WENN NICHT, DANN MUSST DU EBEN ZU EINEM ANDEREN ZAUBERTRANK GREIFEN. FÜR HEXEN IST DIE AUSWAHL JA GROß!

Du benötigst:

- *Eine rohe Zwiebel*
- *Ein Messer (am besten dein Athame)*
- *Olivenöl*
- *Eine Pfanne*

❶ Du lässt die Zwiebel über Nacht im Mondlicht liegen. Dies ist ganz wichtig, denn so kann sie sich mit der magischen Energie des Mondes aufladen.

❷ Am nächsten Abend schneidest du die Zwiebel in kleine Stücke und röstest sie in Olivenöl in der Pfanne an – aber nur ganz kurz!

❸ Schon ist der Zauber fertig, denn jetzt kannst du sie essen. Natürlich kannst du die Zwiebel auch einem Gericht zugeben: Pasta, Fleisch, Salat – was du magst. So einfach kann Magie sein.

Für einen schnellen Energiekick empfehle ich einen Biss in eine rohe Zwiebel! Das ist allerdings nicht jeder Hexe Sache…

Mein Tipp:
Solltest du einmal von einer Wespe oder Biene gestochen werden, empfehle ich dir, ein Stück rohe Zwiebel auf die Stelle zu legen. Der Saft der Zwiebel hat antibakterielle Wirkung und unterstützt somit die Heilung.

Hexentee für einen Schutzzauber

DIE HAGEBUTTE HILFT DIR BEI ALLEN SCHUTZ- UND ABWEHR-
ZAUBERN. WENN DU DICH SCHWACH UND VERLETZLICH
FÜHLST UND DEINE MAGISCHEN ENERGIEN SAMMELN WILLST,
UM DICH „WEHRHAFTER" UND STÄRKER ZU FÜHLEN, DANN
VERRATE ICH DIR EINEN EINFACHEN, ABER SEHR EFFEKTIVEN
TEEZAUBER.

Du benötigst:

- *Hagebuttentee*
- *Honig*
- *Deine Lieblingstasse*
- *Einen Löffel*

❶ Der Zauber ist wirklich ganz einfach: Du braust den Hagebuttentee und suchst dir einen ruhigen und ungestörten Platz. Dann lässt
du ihn ein wenig abkühlen, während du vor deiner Tasse sitzt und
nach draußen in das Tageslicht schaust. Am besten führst du den
Zauber bei aufgehender Sonne durch. Wenn dies nicht möglich sein
sollte, dann tu es gleich nach dem Aufstehen.

❷ Dann gibst du einen Teelöffel Honig in die Tasse und rührst dreimal mit dem Löffel im Uhrzeigersinn (die Richtung ist wichtig!).
Dabei sagst du:

Wie eine Mauer sei der Schutz,
Die Kraft ist mein Schild.
Ich fühle mich stark,
Die Macht der Elemente ist mit mir:
Feuer, Wasser, Luft und Erde.

Dies ist mein Wille, also geschehe es.

❸ Dann trinkst du den Tee in kleinen Schlucken und beginnst so
gestärkt deinen Tag. Diesen Abwehrtee solltest du so lange jeden
Morgen trinken, bis du dich wieder stärker fühlst!

> *Mein Tipp:*
> *Die Hagebutte ist reich an Vitamin C und stärkt damit auch dein Immunsystem und die Abwehrkräfte deines Körpers. Ich empfehle dir, jeden Tag eine Tasse Hagebuttentee zu trinken, denn erst Regelmäßigkeit kann die Energie der Hagebutte freisetzen.*

Zaubermixtur für mehr Mut

DU KENNST DOCH SICHERLICH AUCH DIESE SITUATIONEN, IN DENEN UNS DAS KLEINE QUÄNTCHEN MUT ZUM EIGENEN GLÜCK FEHLT? DU WEISST, WAS ICH MEINE, WENN ICH VON VERPASSTEN GELEGENHEITEN SPRECHE, DIE MAN NIE WIEDER ZURÜCKHOLEN KANN? UND DU BIST DIR SICHER, IN DER NÄCHSTEN ZEIT WIRD SO EINE GELEGENHEIT AUF DICH ZUKOMMEN – ZUM BEISPIEL EINE GROSSE PARTY, AUF DER DU AUCH DEN SÜSSEN JUNGEN AUS DER NACHBARSCHAFT TREFFEN WIRST – UND DU WILLST DIR DIESES MAL SICHER SEIN, DAS GLÜCK BEIM SCHOPF ZU PACKEN? DANN PROBIERE EINFACH DIESEN SPEZIELLEN MUTZAUBER UND VERTRAUE AUF DEINE HEXENENERGIE!

Du benötigst:

- *Vier lilafarbene Kerzen*
- *Einen Teelöffel Anis (getrocknet)*
- *Einen Teelöffel Kümmel (getrocknet)*
- *Einen Teelöffel Fenchelsamen (getrocknet)*
- *Einen Mörser und einen Stößel*
- *Ein Tigerauge*

❶ Du ziehst den magischen Kreis um deine Zutaten. Dann gehst du diesen Kreis dreimal im Uhrzeigersinn ab und sagst dabei:

In diesem Kreis konzentriert sich meine Energie.
In diesem Kreis konzentriert sich meine Kraft.
In diesem Kreis konzentriert sich meine Stärke.

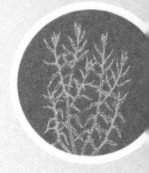

❷ Dann entzündest du die vier Kerzen und platzierst sie am Rande des magischen Kreises in allen vier Himmelsrichtungen.

❸ Anschließend zerstößt du die getrockneten Kräuter im Mörser. Dabei sagst du:

Gebt euer Wissen, eure Macht frei.
Gebt euer Wissen, eure Macht an mich.
Helft mir, mir meiner Energie bewusst zu sein,
Den Augenblick zu sehen
Und zu ergreifen.

Dies ist mein Wille, also geschehe es.

❹ Du legst das Tigerauge in die Kräuter, löschst die Kerzen und löst den magischen Kreis, indem du ihn dreimal gegen den Uhrzeigersinn abgehst und dabei sagst:

Dieser Kreis gibt meine Energie frei.
Dieser Kreis gibt meine Kraft frei.
Dieser Kreis gibt meine Stärke frei.

Ich vertraue in meine Macht.

❺ Du gehst mit dem Mörser und den zerstoßenen Kräutern ins Freie und zerstreust sie in alle vier Himmelsrichtungen. Dabei sagst du:

Element Luft,
Trage meinen Willen hinaus ins Universum,
Auf dass er Teil des Ganzen werde
Und im Großen vollbringe,
Was ich im Kleinen erstrebe.

❻ Es wichtig, dass du die Kräuter in der Sonne zerstreust, denn die Sonne steht für die bewusste Energie und für Aktivität. Dann nimmst du den Stein in die Hand und konzentrierst dich noch einmal. Versuche dabei, alle Geräusche um dich herum genau wahrzunehmen: Vögel, Wind, ja selbst Motorengeräusche. Anschließend trägst du den Stein bis zu dem Augenblick bei dir, in dem du tatsächlich einmal nicht zu lange zögerst, die Gelegenheit beim Schopfe zu packen. Denn erst dann bestimmst du dein Schicksal als Hexe wirklich selber!

> *Mein Tipp:*
> *Dies ist natürlich mal wieder ein Zaubertrank, der eher eine Zaubermixtur ist. Du kannst auch einen Trank daraus machen, indem du mit den Kräutern einen Aufguss, einen Tee, bereitest, anstatt sie in die vier Himmelsrichtungen zu zerstreuen. Auch so entfalten die Kräuter ihre magische Kraft. Ein Tee hat den Vorteil, dass du ihn auch anderen zum Trinken geben kannst und ihr so gemeinsam von deinem Zauber profitiert.*

Freundschaftszauber

VOM HOLUNDER WERDEN BLÄTTER, BLÜTEN UND BEEREN GESAMMELT UND VERARBEITET. ABER ACHTUNG! DIE BEEREN SOLLTEST DU AUF KEINEN FALL ROH ESSEN, DENN SIE KÖNNEN ÜBELKEIT UND ERBRECHEN HERVORRUFEN.

DER HOLUNDER WIRD SEIT JAHRHUNDERTEN FÜR TREUE- UND FREUNDSCHAFTSZAUBER GENUTZT. DU WEISST JA INZWISCHEN, WIE ICH ÜBER DIE MEISTEN TREUEZAUBER DENKE. DESHALB VERWENDE ICH DEN HOLUNDER AUCH AM LIEBSTEN DANN, WENN ICH EINE BINDUNG ZWISCHEN MIR UND EINER GUTEN FREUNDIN (ODER EINEM GUTEN FREUND) STÄRKEN WILL. WENN DU TATSÄCHLICH ANGST HAST, DASS DEIN FREUND SICH FÜR EINE ANDERE INTERESSIEREN KÖNNTE, SOLLTEST DU DICH ERST EINMAL FRAGEN, OB DEINE ANGST NICHT EHER AUF MANGELNDEM SELBSTBEWUSSTSEIN BERUHT UND WENIGER

AUF DER TATSÄCHLICHEN UNTREUE DEINES FREUNDES. IN DIESEM FALLE BRAUE DIR LIEBER DEN ZAUBERTRANK FÜR EIN BESSERES SELBSTBEWUSSTSEIN! UND WENN ER DIR WIRKLICH UNTREU IST, SPRICH MIT IHM, TRENN DICH VON IHM USW., ABER VERSUCHE KEINEN DUBIOSEN TREUEZAUBER, DEN DU IRGENDWO GEFUNDEN HAST.

Meine Hexengeheimnisse:
Für uns Hexen ist der Holunder sehr wichtig, denn er hat viele Wirkungen. Durch seinen hohen Vitamin C-Gehalt schützt er vor Erkältungen und Husten. Im Herbst und Winter kannst du also über einen längeren Zeitraum Holundertee trinken und wirst dich so gegen Ansteckung bei deinen verschnupften Freunden schützen.

Hier habe ich dir das Rezept für ein Holunderblütenbad auf Milchbasis aufgeschrieben:

Du benötigst:

- *150 ml Wasser*
- *50 g frische oder 50 g getrocknete Holunderblüten*
- *Einen Kochtopf*
- *Ein Sieb*
- *150 ml Milch*

❶ Du bringst das Wasser zum Kochen und gießt es dann über die Blüten, um die Mixtur dann 30 Minuten zugedeckt stehen zu lassen.

❷ Dann gießt du die Blüten in ein Sieb ab, gibst die übrig gebliebene Flüssigkeit in die Milch und rührst alles gut durch. Dabei sagst du:

Freundschaft, die uns bindet.
Freundschaft, die nie schwindet.
Vertrauen stärke unser Band.

Dies ist mein Wille, also geschehe es.

3 Dies ist eine gute Gelegenheit, um einmal einen eigenen Zauberspruch zu schreiben. Versuche doch einmal, gemeinsam mit deiner Freundin einen guten Spruch zu finden, der eure Freundschaft beschreibt und das ausdrückt, was ihr füreinander empfindet. Die eigenen Zaubersprüche sind immer die wirkungsvollsten, denn sie stehen dem am nächsten, was dein Herz will!

4 Du gibst diesen Badezusatz in warmes Badewasser und steigst hinein. Und schon wirkt der Zauber!

> *Mein Tipp:*
> *Holunderblätter eignen sich hervorragend zur Beruhigung von müden Augen und kleineren Bindehautentzündungen. Einfach die Blätter durch siedendes Wasser ziehen, ein wenig abkühlen lassen, damit du dich nicht verbrühst, und dann auf die geschlossenen Augen legen. Nimm dir ein wenig Zeit, mach es dir gemütlich, hör deine Lieblingsmusik und entspanne dich.*

„Schluss mit dem Streit!"

STÄNDIGE ZÄNKEREIEN ZEHREN AN DEN NERVEN. UND GANZ BESONDERS SCHLIMM KANN ES SEIN, WENN SICH DER STREIT IN DER FAMILIE ODER IN DEINEM ENGSTEN FREUNDESKREIS EREIGNET. HIER VERRATE ICH DIR ZWEI REZEPTE, DIE DIR HELFEN KÖNNEN, DEN STREIT ZU SCHLICHTEN UND WIEDER FRIEDEN ZU STIFTEN.

Du benötigst:

- *Zehn Äpfel (am besten eine saure Sorte, z. B. Boskop)*
- *Ein Messer (am besten dein Athame)*
- *Einen Topf*
- *Zimt*
- *Ein großes Einmachglas*

Meine Hexengeheimnisse:
Der Apfel ist das Symbol und die Frucht der Liebe. Und damit ist nicht nur die romantische Verliebtheit gemeint,

sondern auch die Zuneigung zwischen dir und deiner Familie und deinen Freunden. Zimt brauchst du für alle Erkenntniszauber, denn dieses unscheinbare Gewürz hat eine große Wirkung: Es fördert das Verständnis für die Gefühle und die Beweggründe anderer Menschen. Und was braucht es anderes, um Frieden zu stiften, als Liebe und Verständnis?!

1 Du schälst die Äpfel, entkernst sie und schneidest sie in kleine Stücke. Dann bedeckst du den Boden des Topfes mit ein wenig Wasser und gibst die zerkleinerten Äpfel hinein. Jetzt erwärmst du das Ganze bei kleiner Hitze und lässt es köcheln, bis die Apfelstücke zerfallen. Achte dabei darauf, dass nichts anbrennt! Bei Bedarf musst du immer ein wenig Wasser nachfüllen.

2 Du zuckerst das Mus nach Geschmack. Dann nimmst du einen Teelöffel Zimt und streust ihn über das noch warme Mus. Dabei sagst du:

> *Streit und Zank seien gebannt,*
> *Verständnis und Liebe kehren ein*
> *Und Freunde werden alle sein.*
>
> *Dies ist mein Wille, also geschehe es.*

3 Dann füllst du das lauwarme Apfel-Zimt-Mus in das Einmachglas und verschließt es gut. Anschließend musst du es den betroffenen Personen servieren. Am besten ist es, wenn sie vorher von deinem Zauber nichts mitbekommen haben. Du kannst das Apfelmus zu Pfannkuchen oder mit Eis reichen. Lass deiner Fantasie freien Lauf und achte darauf, was die Zankhähne gerne essen!

... und noch eine Anti-Streit-Mixtur

WIE IMMER GIBT ES NICHT NUR EINEN ZAUBERTRANK, DESSEN WIRKUNG ICH EMPFEHLEN KANN. UND DA ES JA VIEL ZANK UND STREIT AUF DER WELT GIBT, VERRATE ICH DIR HIER NOCH EINEN ZWEITEN ZAUBER, DER EBENSO EINFACH DURCHZUFÜHREN IST.

Du benötigst:

- 1 Flasche Apfelessig
- Drei getrocknete Rosmarinzweige

Meine Hexengeheimnisse:
Über die Symbolkraft habe ich dir ja schon beim voran-
gegangenen Zauber berichtet: Der Apfel ist für uns Hexen
das Sinnbild der Liebe und Zuneigung. Rosmarin ist ein
uraltes Hexenkraut, und du benötigst es für alle Schutz-
zauber. Rosmarin vertreibt schlechte Einflüsse wie Neid,
Lügen oder böse Gerüchte.

❶ Als Erstes stellst du sicher, dass die Rosmarinzweige auch wirklich trocken sind, denn das ist ganz wichtig, damit die Kräuter im Öl nicht zu schimmeln anfangen, sondern tatsächlich ihre ganze Kraft entfalten.

❷ Dann ziehst du den magischen Kreis.

❸ Du hältst die Hände mit ausgestreckten Armen nach oben in das Licht der Sonne. Achte dabei darauf, dass die Handflächen nach oben zeigen. Du sagst:

Element Sonne, gib mir deine Kraft
Zu einen, was getrennt,
Zu bannen, was schadet.

Dies ist mein Wille, also geschehe es.

❹ Diesen Spruch sagst du dreimal. Anschließend zeichnest du mit der rechten Hand über den Kräuterzweigen das bannende Feuer-Pentagramm

und sagst:

Nun sei gebannt, was bis dahin schadete.
Nun sei geeint, was bis dahin getrennt.

Dies ist mein Wille, also geschehe es.

5 Du gibst die Rosmarinzweige in die Apfelessigflasche und verschließt sie luftdicht. Den Essig lässt du zwei Wochen lang stehen, damit sich die Kraft des Krautes mit dem Essig verbinden kann. Dann nimmst du die Kräuterzweige wieder heraus. Nun kannst du all denen, die du wieder zusammenführen willst, einen Salat mit dem Essig angerichtet servieren.

Mein Tipp:
Am besten ist es, wenn sie alle diesen Salat gemeinsam essen. Der Zauber wirkt aber auch, wenn ihn jeder einzeln genießt!

Zauberöl gegen böse Gedanken

WÜNSCHST DU ANDEREN MANCHMAL ETWAS BÖSES? DU WEIẞT, ES IST FALSCH UND KANNST DENNOCH NICHTS DAGEGEN TUN? DAS SOLLTEST DU ABER, DENN EINE GUTE HEXE WILL NIEMANDEM SCHADEN! DIESE NEGATIVE EINSTELLUNG KANN ALLE DEINE ZAUBER BEEINFLUSSEN, DENN DU WEIẞT JA, DEIN EIGENER WILLE BESTIMMT DIE RICHTUNG DEINER MAGISCHEN ENERGIE. BÖSE GEDANKEN KÖNNEN DIR IN JEDES RITUAL HINEINFUNKEN UND DAS ERGEBNIS DEINES ZAUBERS VERPFUSCHEN. HIER VERRATE ICH DIR EINEN KLEINEN HEXENTRICK DAGEGEN.

Du benötigst:

- *Drei schwarze Kerzen*
- *Einen Hämatit*
- *Ein Fläschchen Lavendelöl (ätherisches Öl)*

Meine Hexengeheimnisse:
Lavendel ist eines der stärksten Hexenkräuter. Er hilft dir,
dich von Illusionen zu befreien und die Wahrheit zu sehen.
Lavendel schafft eine Verbindung zwischen dir und deiner
Umwelt, die von Toleranz geprägt ist. Ideal also für diesen
Zauber! Schwarze Kerzen bannen negative Energien, ge-
nauso wie der Stein Hämatit, der oft in Schutzzaubern
verwendet wird. So kann man die Wirkung verlängern, in-
dem man den Stein nach dem Ritual weiterhin bei sich trägt.

1 Du ziehst den magischen Kreis und stellst die drei Kerzen in einem Dreieck am Rande des Kreises auf. Du entzündest sie und stellst dich in die Mitte. Den Stein legst du vor dir auf den Boden.

2 Du stellst dich aufrecht hin und atmest tief, ruhig und gleichmäßig. Die Ölflasche hast du in deiner linken Hand, der Herzhand. Konzentriere dich nun genau auf deine negativen Gefühle. Rufe dir die Person vor Augen, die diese Gefühle hervorruft.

3 Nun stell dir vor, wie du auf diese Person zugehst und sie anlächelst. Reiche ihr in deiner Vorstellung die Hand. Stell dir alles genau im Detail vor. Male dir aus, wie die Person zurücklächelt und deine Hand ergreift. Dann sagst du:

Böses entschwinde,
Kehre nie mehr zurück.
Denn alles, was ich aussende,
Kommt dreifach zurück.

Dies ist mein Wille, also geschehe es.

4 Nun gibst du zwei Tropfen Lavendelöl auf deine Fingerspitzen und reibst sie mit langsamen kreisenden Bewegungen in deine Schläfen ein. Schließe dabei die Augen.

5 Anschließend gibst du einen Tropfen auf den Hämatit und reibst den Stein damit ein.

6 Dann löschst du die Kerzen und löst den magischen Schutzkreis auf. Den Hämatit trägst du bei dir, bis du die Person das nächste

Mal triffst. Dann umschließt du ihn mit deiner linken Hand und rufst dir noch einmal kurz das Bild von euch beiden vor Augen, wie ihr euch die Hand reicht und euch anlächelt.

> *Mein Tipp:*
> *Lavendelöl (Körperöl vermischt mit einigen Tropfen ätherischem Lavendelöl) hilft prima gegen einen leichten Sonnenbrand! Grundsätzlich solltest du dich natürlich vor dem Sonnenbaden immer durch eine gute Sonnencreme schützen, das ist ganz wichtig! Solltest du trotzdem einmal eine Rötung feststellen, dann gib einfach ein wenig Lavendelöl darauf. Das kühlt und beruhigt.*

Abwehr von negativen Energien

NEGATIVE ENERGIEN? DAS IST EIN VAGER BEGRIFF, ICH WEIß. WAS KANNST DU ALSO KONKRET MIT DIESEM ZAUBER BEKÄMPFEN? STELL DIR EINMAL VOR, JEMAND MÖCHTE SICH MIT ALLER GEWALT UND OHNE GRUND IN DEINE BEZIEHUNG DRÄNGEN, UND DU MÖCHTEST DIESER EINMISCHUNG EIN ENDE SETZEN. ODER JEMAND BEWERTET ALLES, WAS DU TUST, NEGATIV, OBGLEICH DU SELBST MIT DEN ERGEBNISSEN ZUFRIEDEN BIST. DU FÜHLST DICH OHNE GRUND ABGEWERTET. DAS SCHLIMME AN DIESEN SITUATIONEN IST, DASS WIR DAZU NEIGEN, DIESE NEGATIVEN ENERGIEN ZU VERINNERLICHEN. UNSER HEXENWISSEN KANN UNS HELFEN, UNSERE EIGENE POSITIVE ENERGIE WIEDER DIE OBERHAND GEWINNEN ZU LASSEN, SO DASS WIR GEGEN DIE ANGRIFFE VON AUßEN GEFEIT SIND.

Du benötigst:

- *Eine Hand voll Löwenzahnblätter*
- *Drei Kartoffeln*
- *Ein Ei*
- *Salz und Pfeffer*
- *Essig (vielleicht deinen Apfelessig mit Rosmarin…?)*
- *Öl (am besten ein selbst gemachtes Kräuteröl – mit Rosmarin!)*

❶ Dieser Zauber ist tatsächlich ganz einfach und beruht auf der reinigenden Wirkung des Löwenzahns. Du suchst frischen Löwenzahn und pflückst die zarten und jungen Blätter.

❷ Zu Hause wäschst du die Löwenzahnblätter gründlich und trocknest sie. Du kochst die Kartoffeln mit Schale und lässt sie abkühlen. Auch das Ei kochst du hart.

❸ Dann rührst du deine Soße an. Erst Salz und Pfeffer in eine Schüssel, dann Essig dazu und anschließend das Öl. Du mischst alles mit einem kleinen Schneebesen.

❹ Anschließend schneidest du die gepellten Kartoffeln in die Soße, gibst die Löwenzahnblätter dazu und mischst alles mit einem Salatbesteck gut durch. Das Ei dazu, und fertig ist der Löwenzahnschutz!

Du siehst also, Hexerei muss wirklich nicht kompliziert sein. Oft liegen die magischen Kräfte verborgen in unserem Alltag, weil wir fälschlicherweise meinen, schon alles zu kennen. Wie oft hast du bereits Löwenzahn auf einer Wiese betrachtet, ohne von seinen Heilkräften und seiner magischen Bedeutung zu wissen?! Also: Bleib immer neugierig und offen für Neues. Eine Hexe lernt jeden Tag etwas hinzu.

Meine Hexengeheimnisse:
Übrigens, schwarzen Pfeffer nehmen wir Hexen bei Motivationszaubern. Im Umgang mit schwierigen Problemen kann er dir das nötige Durchhaltevermögen geben!

Ein Liebestrank –
so findet dich der Richtige attraktiv

UNSERE HEXENKUNST BERUHT AUF DEM WISSEN, DASS UNSER SCHICKSAL IN UNSEREN HÄNDEN LIEGT. UND GERADE WENN ES UM LIEBE GEHT, GILT DIESE REGEL! WENN DU DICH BESONDERS MACHTLOS FÜHLST, SOLLTEST DU DICH AUF DEINE MAGISCHE ENERGIE BESINNEN.

Du benötigst:

- *Ein Blatt Papier*
- *Einen roten Stift*
- *Drei rote Kerzen*
- *Ein Fläschchen Jasminöl*
- *Ein Fläschchen Rosenöl*

Beide Öle haben eine besonders gute Wirkung bei Liebeszaubern! Diesen Zauber wirst du zuerst an deinem Altar und dann im Badezimmer ausführen. Du solltest also unbedingt einen Zeitpunkt aussuchen, an dem du mindestens eine halbe Stunde ungestört sein kannst. Denn Ruhe ist wichtig für deine Konzentration!

❶ Du ziehst den magischen Zirkel. Dann zeichnest du ein anrufendes Feuer-Pentagramm auf dein Blatt Papier.

❷ Du stellst die drei Kerzen auf die obere und die beiden unteren Spitzen. Dann entzündest du sie und stellst die beiden Fläschchen in die Mitte des Pentagramms.

❸ Du hältst beide Handflächen über die Ölfläschchen und schließt die Augen. Atme tief und ruhig und konzentriere dich. Versuche, deine Gedanken nicht wandern zu lassen, sondern das Bild von dir und deinem Liebsten zusammen in Gedanken entstehen zu lassen. Wenn du dieses Bild deutlich und lebendig siehst, dann sagst du:

Venus, zeige mir den Weg,
Dass ich die Göttin in mir entdecke,
Dass Licht nach außen strahle
Und der Liebste mich sehe, wie ich bin,
Und mich wiederliebe.

Dies ist mein Wille, also geschehe es.

❹ Dann öffnest du die Augen und löschst die Kerzen. Du nimmst die beiden Ölfläschchen und gehst ins Badezimmer. Dort lässt du Badewasser einlaufen. Wenn du willst, kannst du das Weiheritual für Wasser anwenden, um dem Bade weitere magische Energie zuzuführen (s. S. 56)

❺ In das laufende Wasser gibst du jeweils drei Tropfen der beiden Öle. Wieder sagst du den Zauberspruch.

❻ Bevor du in das Wasser steigst, gibst du einen Tropfen Jasmin- und einen Tropfen Rosenöl auf dein linkes Handgelenk. Du verreibst beide ineinander und sagst dabei zum dritten Mal den Zauberspruch.

❼ Dann lässt du dich in das Wasser gleiten, schließt die Augen und entspannst dich. Denke ganz fest an deinen Liebsten. Aber vergiss den Zauber nach dem Bad! Erst dann wird er zu wirken beginnen.

> *Mein Tipp:*
> *Ganz besonders wirksam ist dieser Zauber, wenn du die Öle, nachdem du sie im Pentagramm mit magischer Energie aufgeladen hast, auf einen Gegenstand übertragen kannst, den dein Liebster immer (oder sehr oft) bei sich trägt. Geeignet sind auch Gegenstände wie eine Uhr oder ein Handy. Achte dabei aber darauf, dass er keinen Verdacht schöpft!*

Salatsauce für einen Treuezauber

AUCH EINE EINFACHE SALATSAUCE KANN EINEN ZAUBER IN SICH TRAGEN! DIESER IST JA AUCH UMSO WIRKSAMER, JE UNAUFFÄLLIGER ER WIRKEN KANN. UND WIE KANN DIR DIES BESSER GELINGEN, ALS WENN DU DEINE ZAUBERTRÄNKE IN DIE ALLTÄGLICHEN SPEISEN EINBINDEST?

Du benötigst:

• *Alle Zutaten für einen Salat*
• *Frischen oder tiefgefrorenen Dill*
• *Senf*

- *Olivenöl*
- *Essig (am besten auf Apfelbasis, z. B. Apfel- oder Cidreessig etc.)*

1 Du putzt den Salat und stellst alle Zutaten bereit.

2 Dann ziehst du einen magischen Zirkel um dich und deine Zutaten. Dies ist wichtig, um einen Schutzkreis gegen negative Energien aufzubauen. Untreue ist eine mächtige negative Kraft, und du wirst sehr viel Konzentration aufbringen müssen, um positive Energien dagegen zu setzen. Der magische Schutzkreis wird dir dabei helfen.

3 Dann schneidest du den Dill und vermischst ihn mit dem Senf in einer kleinen Schale. Während du beides verrührst, sagst du:

> *Kraft der Erde*
> *Aus der Tiefe*
> *Wird ihn seiner Liebe sicher werden lassen.*
> *Wird mir helfen, Vertrauen zu haben.*
> *Wird uns helfen, offen zu sein.*
>
> *Dies ist mein Wille, also geschehe es.*

4 Dann rührst du die Salatsauce mit Öl, Essig und der Dill-Senf-Mischung an und gibst sie über den Salat. Anschließend esst ihr den Salat gemeinsam.

Mein Tipp:
Treuezauber sind immer ein zweischneidiges Schwert. Weiße Magie kann nicht dazu verwendet werden, andere zu manipulieren. Wenn dein Freund also tatsächlich an einer anderen interessiert ist, wird dir ein Treuezauber nicht helfen. Er kann einzig und allein eure Bindung stärken, damit ihr offener und ehrlicher miteinander umgeht und Vertrauen zueinander habt. Wenn du weißt, dass dein Freund dich betrügt, kann ich dich nur auf einen Zauber verweisen, der dir einen Neuanfang erleichtert und dein Selbstbewusstsein stärkt. Denn das wird dir mehr helfen als jeder windige angebliche „Treuezauber"!

Magische Tinte für einen Liebes-zauber

WENN DU EINEN ZAUBER – VOR ALLEM EINEN LIEBESZAUBER! – MIT MAGISCHER TINTE DURCHFÜHRST, WIRD ER BESONDERS KRAFTVOLL. DAS RITUAL IST GANZ EINFACH, UMSO ERSTAUNLICHER IST ES, DASS MAN ES SO SELTEN IN OFFEN ZUGÄNGLICHEN ZAUBERBÜCHERN FINDET. MANCHMAL BEHALTEN WIR HEXEN EBEN EINIGE TRICKS GERNE FÜR UNS. JETZT ABER VERRATE ICH DIR DAS REZEPT. IN DIESEM ZAUBER VERWENDE ICH DIE LIEBESZAUBERKRAFT VON ÄPFELN. DU KANNST DIE TINTE ABER AUCH FÜR JEDEN ANDEREN ZAUBER VERWENDEN, WENN DU DEN APFELSAFT DURCH EIN ÖL ODER EINEN SAFT MIT EINER ANDEREN MAGIE ERSETZT.

Du benötigst:

- *Ein kleines Fässchen schwarzer Tinte (im Schreibwarenhandel)*
- *Aprikosenöl*
- *Apfelsaft*
- *Eine rote Kerze*
- *Eine Schreibfeder (im Schreibwarenladen)*
- *Ein Blatt Papier*

Wichtig: Führe diesen Zauber in der Nacht, bei abnehmendem Mond, durch!

❶ Du gibst in das Tintenfass einen Tropfen Aprikosenöl und einen Tropfen Apfelsaft (am besten frisch gepresst). Dann mischst du alles gut durch.

❷ Du entzündest die Kerze, tauchst die Feder in die Tinte und schreibst den Namen der Person, die der Liebeszauber erreichen soll, auf das Blatt Papier. Dabei sagst du:

Mit meiner Hand, binde ich die Zauberkraft,
Mit dieser geweihten Tinte binde ich die Energie.
Ich werde Herrin meines eigenen Schicksals.

Und finde die glückliche Liebe,
die ich suche.

So sei es.

3 Du lässt die Tinte trocknen und faltest dann das Blatt dreimal längs. Anschließend trägst du es drei Tage und drei Nächte an deinem Körper.

Du wirst sehen, seine magische Kraft wird dir ein ganz anderes Selbstbewusstsein verleihen, und du wirst ganz leicht mit deinem Angebeteten ins Gespräch kommen!

Mein Tipp:
Besonders wirksam ist der Zauber, wenn dein Liebster vorher von dem Apfelsaft getrunken hat! Das ist sicher nicht immer einfach zu bewerkstelligen, vor allem, wenn ihr bisher wenig oder keinen Kontakt hattet. Vielleicht kann dir eine Freundin, die von deinen Hexenfähigkeiten weiß, dabei helfen?

Meine Hexengeheimnisse:
Anstelle des Apfelsaftes solltest du im Frühling Apfelblüten nehmen, die du einfach in die Tinte gibst. Der Apfel ist die Frucht der Liebe und seine Blüten enthalten besonders viel von seiner Kraft!

Zauberbad, um dich aus einer schlechten Beziehung zu befreien

BIST DU IMMER NOCH MIT DEINEM FREUND ZUSAMMEN, OBGLEICH DU EIGENTLICH TIEF IN DIR WEISST, DASS DU DICH IN DIESER BEZIEHUNG NICHT MEHR WOHL FÜHLST? DANN SOLLTEST DU DICH NATÜRLICH ALS ERSTES FRAGEN, WAS DER GRUND FÜR DEIN UNBEHAGEN IST UND OB IHR BEIDE NICHT GEMEINSAM DAS PROBLEM LÖSEN KÖNNTET. WENN DU DICH

ALLERDINGS INNERLICH VON DIESER LIEBE VERABSCHIEDET UND EINFACH SCHWIERIGKEITEN HAST, DICH ZU LÖSEN, DANN KANN DIR EIN HEXENBAD HELFEN, DAS DEINE UNABHÄNGIGKEIT UND DEINEN WILLEN ZUR FREIHEIT STÄRKT. UND ZWAR DURCH DIE GEBÜNDELTE KRAFT DER ZITRONE, DES FENCHELS UND DES ELEMENTS WASSER!

Du benötigst:

- *2,5 l Wasser*
- *Einen Topf*
- *14 g Zitronenschale (achte darauf, dass du nur ungespritzte Früchte verwendest)*
- *Zwei Teelöffel getrockneten Rosmarin*
- *Fünf Fenchelblätter oder zwei Teelöffel zermahlene Samen*
- *Ein großes Sieb*
- *Eine Schüssel*

❶ Zuerst weihst du das Wasser. Denn du weißt ja: Wasser ist eines der vier Elemente, deren Kräfte uns bei unseren Zaubern schützen. Deshalb sind auch Bäder für alle Zauber sehr wichtig, die mit einer Fokussierung unserer magischen Energien zu tun haben. Du tauchst also beide Hände (vorher waschen!) in den Topf mit Wasser. Dann hältst du beide Handflächen zur Wasseroberfläche, schließt die Augen und sagst:

Element Wasser,
Ich rufe deine Hilfe.
Hilf mir, meine Kräfte zu sammeln.
Hilf mir, sie zu schützen.
Gib mir deine Kraft.

❷ Dann gibst du alle Zutaten in den Topf, bringst das Ganze zum Kochen und lässt es 15 Minuten lang sieden. So geben alle Kräuter und Früchte ihre Heilkräfte an das Wasser ab.

❸ Jetzt seihst du alles durch das große Sieb in die Schüssel, so dass du die Flüssigkeit von den groben Teilen und Kräutern trennst.

❹ Den Sud gibst du dann in dein Badewasser. Während des Badens konzentrierst du dich ganz auf deine Gefühle in der alten Beziehung.

Dann versuche, eine Vision der Zukunft ohne deinen Freund zu entwerfen. Stell dir all das genau vor, was besser sein wird. Denke positiv! Das heißt, denke nicht daran, dass du allein sein wirst, sondern daran, dass dir keiner mehr weh tun wird und du nun frei für andere nette Jungen sein wirst. Glaube an dich! Die Kraft des Zitronenbades wird dir dabei helfen.

Der Zauber für eine Entscheidung in der Liebe

DU KANNST DICH NICHT ZWISCHEN ZWEI JUNGEN ENTSCHEIDEN? EIN JADEBAD KANN EINER HEXE WEITERHELFEN! DENN AUCH STEINE HABEN MAGISCHE KRÄFTE, UND DIESE ENERGIE KANN DIR BEI DEINEN ZAUBERMIXTUREN BEHILFLICH SEIN. JADE IST EIN WICHTIGER STEIN FÜR ALLE ERKENNTNIS- UND VERSTÄNDNISZAUBER. UND DA DU JA, UM EINE RICHTIGE ENTSCHEIDUNG TREFFEN ZU KÖNNEN, ERST EINMAL DICH SELBER UND DEINE MOTIVE VERSTEHEN SOLLTEST, IST EIN BAD, DAS MIT DER ENERGIE DES JADE AUFGELADEN IST, GENAU DAS RICHTIGE.

Du benötigst:

- *Einen Jadestein (in einem Esoterikladen erhältlich)*
- *Eine Karaffe*
- *Einen Esslöffel Jojobaöl*
- *$\frac{1}{4}$ l Wasser*

❶ Als Erstes legst du den Stein in die Karaffe und gibst das Jojobaöl hinzu.

❷ Dann erwärmst du das Wasser und gibst es langsam zu dem Stein und dem Öl. Jetzt verschließt du die Karaffe (du kannst auch einfach einen Teller darauf legen) und schüttelst die Flüssigkeiten gut durch. Anschließend lässt du das Ganze 24 Stunden ruhen. In dieser Zeit teilt der Stein seine Energie mit dem Wasser.

❸ Am nächsten Abend kannst du dann dein Bad mit der Öl-Wasser-Mischung genießen. Während du im Wasser liegst, denkst du einmal an den einen, dann an den anderen Jungen. Konzentriere dich und hör in dich hinein. Wie fühlt es sich an? Kannst du einen Unterschied bemerken? Fühlst du dich bei einem besser aufgehoben? Findest du einen aufregender als den anderen? Sei ehrlich mit dir selber!

❹ Dann schläfst du eine Nacht darüber und triffst am nächsten Morgen deine Entscheidung.

> *Mein Tipp:*
> *Versuche, die Entscheidung nicht länger hinauszuzögern. Damit löst du gar nichts, sondern riskierst eher, dir und allen anderen weh zu tun!*

Zauber gegen Liebeskummer

LIEBESKUMMER IST FÜR ALLE SCHLIMM – AUCH FÜR UNS HEXEN. DU FÜHLST DICH ALLEIN GELASSEN UND UNGELIEBT. DIESER SCHMERZ GEHT TATSÄCHLICH VORBEI, GLAUBE MIR, AUCH WENN ER DIR JETZT NOCH ALLGEGENWÄRTIG ERSCHEINT. ABER ALS HEXE KANNST DU ETWAS TUN, UM DEN KUMMER ZU LINDERN.

Du benötigst:

• *Ein frisches Melissenblatt*

Achtung: Die Sammelzeit der Blätter ist von Mai bis Juni und von September bis Oktober! In den anderen Monaten musst du bei schlimmem Liebeskummer auf einen anderen Zauber ausweichen. Probiere doch einmal einen Zauber für mehr Selbstbewusstsein!

Meine Hexengeheimnisse:
Hildegard von Bingen, eine Benediktiner Nonne, die im 12. Jahrhundert lebte, sagte bereits von der Melisse, dass „sie das Herz freudig" mache. Und eben diese besondere Energie der Melisse machen wir uns in diesem Zauber zu Nutze!

❶ Du zupfst ein Melissenblatt bei aufgehender Sonne.

❷ Du ziehst einen magischen Kreis in der Nähe deines Altars, denn hier ist deine magische Energie am höchsten. Dann setzt du dich im Schneidersitz auf den Boden. Du konzentrierst dich und atmest ruhig und gleichmäßig. Versuche, auf vier ein- und auf vier auszuatmen.

❸ Du presst das Melissenblatt mit der linken Hand auf dein Herz. Dann schließt du die Augen und konzentrierst dich ganz fest auf deinen Bauch. Stell dir ein gelbes Licht in deinem Bauch vor, das warm nach außen strahlt. Zentriere deine ganze Aufmerksamkeit auf dieses Licht. Stell dir nun vor, wie dieses Licht durch deinen Körper, an der Wirbelsäule entlang, durch deinen Hals in deinen Kopf wandert.

❹ Spüre die Wärme des Lichts in deinem Kopf. Anschließend wandert das warme, gelbe Licht zurück durch deinen Hals, über deine linke Schulter zu deinem Herzen. Fühle, wie das Licht dein Herz erwärmt. Bleib so einige Minuten sitzen.

❺ Dann nimmst du die Hand mit dem Melissenblatt von deinem Herzen. Du löst den magischen Kreis.

❻ Das Blatt legst du in die Nähe deines Bettes und lässt es dort langsam trocknen. Jeden Abend vor dem Schlafengehen und jeden Morgen nach dem Aufstehen legst du noch einmal die linke Hand auf das Melissenblatt. So, wie das Blatt langsam verdörrt, wird auch dein Kummer nach und nach schwinden!

Achtung: Die Melisse steht in der Schweiz unter Naturschutz und kann deswegen nicht so einfach gepflückt werden! Eventuell musst du dort auf einen anderen Zauber gegen Liebeskummer ausweichen. Ich empfehle: Ein in Kamillentee getauchtes Taschentuch anstelle der Melissenblätter verwenden!

Zaubertrank für einen Neuanfang

HAST DU DICH VON DEINEM FREUND GETRENNT UND BEREUST ES JETZT? WEIßT DU ERST JETZT, WAS DU AN IHM HATTEST, UND WÜNSCHST DIR, ALLES WIEDER RÜCKGÄNGIG MACHEN ZU KÖNNEN? DAS KANNST DU NICHT – AUCH NICHT MIT HEXEREI! ABER EINEN NEUANFANG SOLLTET IHR BEIDE ZUSAMMEN

WAGEN, VORAUSGESETZT NATÜRLICH, ER FÜHLT GENAUSO WIE DU. UM DAS HERAUSZUFINDEN, MUSST DU ZUERST MIT IHM REDEN UND IHM DEINE GEFÜHLE ERKLÄREN. VIELLEICHT LÄDST DU IHN ZU EINEM CANDLE-LIGHT-DINNER EIN? DABEI KANNST DU IHM GANZ UNAUFFÄLLIG EINE KRÄUTERBUTTER MIT PETERSILIE SERVIEREN. DENN GENAU IN DIESEM KRAUT WIRD DEIN ZAUBER STECKEN!

Meine Hexengeheimnisse:

Die Petersilie ist seit der Antike ein Symbol für die Wiedergeburt und somit ideal geeignet für alle Zauber, die mit einem Neuanfang zu tun haben. Dies gilt nicht nur für die Liebe, sondern auch für Freundschaft. Oder für einen Zauber, mit dem du deinen Willen bekräftigen willst, von nun an ohne eine schlechte Angewohnheit zu leben. Da aber Petersilie nebenbei auch eine aphrodisierende Wirkung hat, ist sie gerade bei Liebeszaubern besonders wirksam.

Du benötigst:

- *Einen Bund frische glatte Petersilie*
- *125 g Butter*
- *Vier grüne Kerzen*
- *Einen Rosenquarz*
- *Einen Türkis*
- *Ein Messer*
- *Ein Brett zum Schneiden*

1 Bevor du die Petersilie in die Butter einarbeitest, lädst du sie mit deiner Energie auf. Dazu ziehst du zuerst einmal einen magischen Kreis um dich und die Zutaten deines Zaubers.

2 Dann entzündest du die Kerzen und platzierst sie in allen vier Himmelsrichtungen. Du stellst dich in die Mitte des magischen Zirkels und legst den Rosenquarz auf deine linke Seite, die Herzseite, den Türkis auf deine rechte. Der Rosenquarz stärkt deine Emotionalität, der Türkis fördert deine rationale Sicht der Dinge. Jetzt malst du mit der rechten Hand über die Petersilie die Pentagramme der vier Elemente, und zwar die anrufenden:

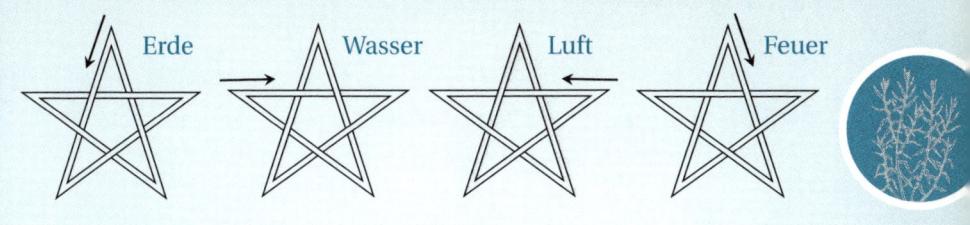

Erde   Wasser   Luft   Feuer

Bei jedem Pentagramm sagst du einen Spruch:

Element Erde (Wasser, Luft, Feuer), ich rufe dich.
Auf dass alle negative Energie gebannt wird
Und nur die positive Energie übrig bleibt.

Dies ist mein Wille, also geschehe es.

❸ Dann nimmst du die Petersilie in die linke Hand und sagst:

Entfalte deine Energie,
Gib uns Mut und Vertrauen,
Damit der Neuanfang gelingt.

❹ Danach schneidest du die Petersilie in kleine Stücke (auf dem Brett natürlich!). Lass dir dabei Zeit und denke daran, wie die Zukunft für euch beide aussehen könnte. Anschließend mixt du die Petersilie unter die Butter (je nach Geschmack kannst du auch ein wenig salzen) und rührst alles gut durch.

❺ Während eures Dinners müsst ihr beide davon essen, sonst kann der Zauber nicht wirken!

Meine Hexengeheimnisse:
Wenn du ein Athame besitzt, einen magischen Dolch, mit dem du deine Rituale durchführst, kannst du ihn für diesen Zauber benutzen. Das Athame ist ein Ritualmesser mit zweischneidiger Klinge und schwarzem Griff. Es dient dazu, Energie zu schneiden und zu lenken. Wir ziehen damit magische Kreise und versuchen, negative Energien abzuwenden. Du siehst, das Athame ist ein zentrales Werkzeug in Ritualen, das du oft benutzen wirst.

Das Athame mit weißem Griff benutzen wir zum Schneiden von Kräutern oder zum Schnitzen von Symbolen auf Kerzen oder auch zum Anfertigen eines Zauberstabes.

Liebestrank mit Brennnessel

UND ZUM GUTEN SCHLUSS GEBE ICH DIR NOCH EINEN ZAUBERTRANK MIT AUF DEN WEG, DER EINE LANGE HEXENTRADITION HAT, DENN SCHON IN DER ANTIKE GALT DIE BRENNNESSEL ALS LIEBESKRAUT. IHRE BESONDEREN KRÄFTE KANNST DU DIR IN EINEM TRANK ZUNUTZE MACHEN, DEN DU ALS SUPPE ESSEN KANNST – ODER EINFACH DEINEM LIEBSTEN SERVIERST...

Du benötigst:

- *Einen Hexenkessel*
- *400 g frische Brennnesseln*
- *Eine Zwiebel*
- *Etwas Butter*
- *300 ml Gemüsebrühe*
- *200 ml Sahne oder Crème fraîche*
- *Eine Kartoffel*
- *Einen Pürierstab*
- *Salz*
- *Frisch gemahlenen schwarzen Pfeffer*

Ein Hexenkessel ist natürlich ein ganz normaler Kochtopf. Du solltest allerdings für die Zubereitung deiner Zaubertränke immer den gleichen Topf nehmen, denn so lädt er sich über die Zeit immer mehr mit deiner magischen Energie auf und wird zu deinem persönlichen Zauberkessel.

❶ Du ziehst einen magischen Kreis um deine Zutaten. Dann nimmst du die Brennnesselblätter in beide Hände – am besten ziehst du Handschuhe an – und hältst sie hoch, dem Licht entgegen. Schließe die Augen und spüre den Schlag deines Herzens. Konzentriere dich auf den Widerhall deines Herzschlages in deinem Körper. Stell dir vor, wie es stets wärmer um dein Herz wird und sich diese Wärme immer weiter kreisförmig von deiner Herzgegend in deinen ganzen Oberkörper und anschließend in deine Arme und

Hände ausbreitet. Spüre, wie die Wärme von deinen Händen in die Brennnesselblätter fließt.

❷ Dann öffne die Augen sage:

Liebe sei in mir,
Liebe sei um mich herum,
Liebe führe mich zu dem,
Der mich glücklich macht.

❸ Jetzt beginnst du mit der Zubereitung der Suppe. Du wäschst die Blätter und zerschneidest sie. Die klein geschnittene Zwiebel dünstest du im Topf mit ein wenig Butter an. Achtung: Sie darf nicht braun werden! Dann gibst du die Blätter dazu und dünstest sie ein wenig mit. Du füllst mit Gemüsebrühe auf, dann kommen die Sahne und die in Würfel geschnittene Kartoffel dazu. Du lässt alles 20 Minuten bei kleiner Hitze (Stufe 3) köcheln.

❹ Anschließend pürierst du alles mit dem Pürierstab (das macht Spaß!) und würzt nach Geschmack mit Salz und Pfeffer. Fertig.

Keiner wird merken, dass es sich hier um einen Zaubertrank handelt. Alle werden dich wegen deiner Kochkünste loben! Nur Hexen wissen natürlich mehr...

Meine Hexengeheimnisse:
Im Frühjahr als Tee oder selbst gemachter Saft genossen, gibt die Brennnessel dir die nötige Kraft, um deine Frühjahrsmüdigkeit in den Griff zu bekommen. Und so machst du einen Saft: Blätter zerschneiden, einen Tag in Wasser einweichen, dann mit einer Presse oder einem Entsafter auspressen. Fertig!

> *Mein Tipp:*
> *Du kannst aus der Brennnessel auch einen Aufguss zubereiten, mit dem du dann die Schwelle deiner Wohnung oder deines Zimmers benetzt. Dann wird jeder, der diese Räume betritt, viel leichter in „Liebesstimmung" versetzt!*

Kleines Hexen-Lexikon

Die wichtigsten Pflanzen und ihre Kräfte

Hier habe ich vor allem die Wirkung der Pflanzen als Hexenkräuter aufgeführt. Daneben haben sie natürlich eine breite Palette an Heilkräften, die ich hier einfach nicht alle aufzählen kann. Aber es gibt im Buchhandel sehr gute Nachschlagewerke (z. B. Dumont's Große Kräuterenzyklopädie und viele andere). Lass dich einfach einmal von einem Buchhändler beraten.

Anis	stärkt das Selbstvertrauen, wirkt gegen Angst
Baldrian	entspannt
Basilikum	befreit von negativen Schwingungen
Bergamotte	gibt innere Ruhe
Bohnenkraut	sorgt für geistige Klarheit
Brennnesselblätter	Liebe
Dill	Mut, Tatkraft
Estragon	Mut; hilft, den ersten Schritt zu tun
Fenchel	Harmonie, Gemeinschaft
Gewürznelke	unterstützt Freundschaft
Hagebutte	Schutz und Abwehr, gut für ein dickes Fell
Honig	ist kein Kraut, für Hexen aber dennoch wichtig: Energie!
Ingwer	Durchsetzungsvermögen
Jasmin	löst schwere Gedanken
Johanniskraut	Schutz, Heilung
Kamille	beruhigt, Verständnis
Kardamom	vertreibt trübe Gedanken
Knoblauch	vertreibt Hass und Rachsucht
Koriander	hilft gegen Prüfungsangst
Lavendel	Liebe, Geld
Löwenzahn	fördert Klarsicht, wirkt reinigend
Lorbeer	Mut, Kraft
Majoran	schützt Freundschaften
Muskatnuss	Wohlstand
Oregano	Kraft
Petersilie	unterstützt Offenheit, Eigenständigkeit
Pfeffer	Motivation
Pfefferminze	Energie, Erfrischung
Rosenblätter	Liebe, Glück im Heim
Rosmarin	Schutz gegen Neid und Lügen, unterstützt Treue

Salbei	Geduld, Durchhaltevermögen
Sellerie	Klarsicht, Durchblick
Thymian	vertreibt schlechte Gedanken und Alpträume
Vanille	unterstützt alle Wohlfühlzauber!
Wacholder	Motivation, Stärke, schützt gegen Übergriffe
Wermut	für ein dickes Fell, wehrt negative Kräfte ab
Zimt	Verständnis
Zitrone	Freiheit, Unabhängigkeit

Die wichtigsten Steine und ihre Kräfte

Amethyst	Intelligenz, Durchblick
Aventurin	Glück, Erfolg, hilft gegen Angst
Bergkristall	Frische, Energie, Probleme lösen
Blauquarz	Ruhe, Beruhigung
Dumortierit	gute Laune
Goldfluss	Mut, Kraft
Hämatit	Schutz, wehrt negative Energien ab
Jade	Verständnis, Erkenntnis, Durchhaltevermögen
Jaspis	wirkt gegen Angst, vertreibt Alpträume
Katzenauge	Glück, gute Ideen
Koralle	Liebe
Lapislazuli	Intuition, Durchblick
Mondstein	Ausgeglichenheit
Onyx	Heilung, Schutz, Beruhigung
Perlmutt	Freiheit, Eigenständigkeit
Rosenquarz	Liebe, Liebe, Liebe… und Freundschaft
Schneeflocken-obsidian	Freiheit
Sodalith	vertreibt böse Gedanken
Tigerauge	Kreativität, Intuition, Erfolg
Türkis	Reinigung, Offenheit
Turmalin	Kommunikation

Gärtnern nach dem Mond

Es ist ganz leicht, sich beim Anbau deiner Pflanzen nach dem Mond zu richten. Du brauchst ja einfach nachts nach oben zu schauen und schon weißt du, was zu tun ist. Hier kommt nun von mir noch einmal eine Zusammenfassung der wichtigsten Tätigkeiten in deinem Hexengarten – aber nach Mondphasen!

Mondphase	Tätigkeit
Erstes Viertel des Mondes	• Kräutersamen aussäen • Blattgemüsearten säen, die die „Ernte" über dem Boden tragen (Kopfsalat, Brunnenkresse, Spinat etc.)
Erstes oder zweites Viertel des Mondes	• Körner aussäen • Junge Triebe umtopfen • Umpflanzen • Obst pflücken
Zweites Viertel des Mondes	• Zwiebeln und Schalotten säen • Die richtige Zeit zum Düngen (kurz vor Vollmond)
Drittes Viertel des Mondes	• Gemüsearten säen, die die „Ernte" unter der Erde tragen (Kartoffeln, Möhren, Radieschen etc.) • Apfelbäume pflanzen • Torf ausstreuen
Drittes oder viertes Viertel des Mondes	• Pflanzen beschneiden • Unkraut jäten • Obst und Gemüse ernten, das du einkochen möchtest (Äpfel, Kirschen etc.) • Blüten und Kräuter sammeln, die du trocknen möchtest • Blätter für Tees sammeln
Viertes Viertel des Mondes	• Kräuter und Früchte über Nacht ins Mondlicht legen, damit sie sich mit Energie aufladen

Maja Sonderbergh
Das Buch der Schatten

112 Seiten | ISBN 3-8025-2850-6
vgs verlagsgesellschaft, Köln

Jede Hexe hat ihr eigenes Buch der Schatten. Es enthält das gesamte Wissen, das sie im Laufe ihres Lebens gesammelt hat. Die erfahrene Hexe Maja Sonderbergh eröffnet dir jetzt ihr Buch der Schatten, um ihr geheimes Wissen an dich weiterzugeben:
Der richtige Umgang mit Hexenwerkzeugen, die Selbstinitiierung, der korrekte Ablauf von Kerzen- und Spiegelritualen, traditionelle und moderne Hexensprüche – das alles und vieles mehr kannst du in diesem Buch der Schatten nachlesen. Viele Tipps, Hinweise und praktische Übungen machen den Einstieg in das alte und neue Wissen der Hexen ganz einfach.

www.vgs.de